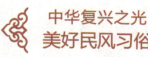

中华复兴之光
美好民风习俗

普天欢庆春节

梁新宇 主编

汕頭大學出版社

图书在版编目（CIP）数据

普天欢庆春节 / 梁新宇主编. -- 汕头 : 汕头大学
出版社，2017.1（2023.8重印）
（美好民风习俗）
ISBN 978-7-5658-2811-9

Ⅰ．①普… Ⅱ．①梁… Ⅲ．①春节－风俗习惯－中国
Ⅳ．①K892.18

中国版本图书馆CIP数据核字(2016)第293507号

普天欢庆春节　　　　　　　　　　PUTIAN HUANQING CHUNJIE

主　　编：梁新宇
责任编辑：邹　峰
责任技编：黄东生
封面设计：大华文苑
出版发行：汕头大学出版社
　　　　　广东省汕头市大学路243号汕头大学校园内　邮政编码：515063
电　　话：0754–82904613
印　　刷：三河市嵩川印刷有限公司
开　　本：690mm×960mm　1/16
印　　张：8
字　　数：98千字
版　　次：2017年1月第1版
印　　次：2023年8月第4次印刷
定　　价：39.80元
ISBN 978-7-5658-2811-9

前　言

　　党的十八大报告指出："把生态文明建设放在突出地位，融入经济建设、政治建设、文化建设、社会建设各方面和全过程，努力建设美丽中国，实现中华民族永续发展。"

　　可见，美丽中国，是环境之美、时代之美、生活之美、社会之美、百姓之美的总和。生态文明与美丽中国紧密相连，建设美丽中国，其核心就是要按照生态文明要求，通过生态、经济、政治、文化以及社会建设，实现生态良好、经济繁荣、政治和谐以及人民幸福。

　　悠久的中华文明历史，从来就蕴含着深刻的发展智慧，其中一个重要特征就是强调人与自然的和谐统一，就是把我们人类看作自然世界的和谐组成部分。在新的时期，我们提出尊重自然、顺应自然、保护自然，这是对中华文明的大力弘扬，我们要用勤劳智慧的双手建设美丽中国，实现我们民族永续发展的中国梦想。

　　因此，美丽中国不仅表现在江山如此多娇方面，更表现在丰富的大美文化内涵方面。中华大地孕育了中华文化，中华文化是中华大地之魂，二者完美地结合，铸就了真正的美丽中国。中华文化源远流长，滚滚黄河、滔滔长江，是最直接的源头。这两大文化浪涛经过千百年冲刷洗礼和不断交流、融合以及沉淀，最终形成了求同存异、兼收并蓄的最辉煌最灿烂的中华文明。

五千年来，薪火相传，一脉相承，伟大的中华文化是世界上唯一绵延不绝而从没中断的古老文化，并始终充满了生机与活力，其根本的原因在于具有强大的包容性和广博性，并充分展现了顽强的生命力和神奇的文化奇观。中华文化的力量，已经深深熔铸到我们的生命力、创造力和凝聚力中，是我们民族的基因。中华民族的精神，也已深深植根于绵延数千年的优秀文化传统之中，是我们的根和魂。

　　中国文化博大精深，是中华各族人民五千年来创造、传承下来的物质文明和精神文明的总和，其内容包罗万象，浩若星汉，具有很强文化纵深，蕴含丰富宝藏。传承和弘扬优秀民族文化传统，保护民族文化遗产，建设更加优秀的新的中华文化，这是建设美丽中国的根本。

　　总之，要建设美丽的中国，实现中华文化伟大复兴，首先要站在传统文化前沿，薪火相传，一脉相承，宏扬和发展五千年来优秀的、光明的、先进的、科学的、文明的和自豪的文化，融合古今中外一切文化精华，构建具有中国特色的现代民族文化，向世界和未来展示中华民族的文化力量、文化价值与文化风采，让美丽中国更加辉煌出彩。

　　为此，在有关部门和专家指导下，我们收集整理了大量古今资料和最新研究成果，特别编撰了本套大型丛书。主要包括万里锦绣河山、悠久文明历史、独特地域风采、深厚建筑古蕴、名胜古迹奇观、珍贵物宝天华、博大精深汉语、千秋辉煌美术、绝美歌舞戏剧、淳朴民风习俗等，充分显示了美丽中国的中华民族厚重文化底蕴和强大民族凝聚力，具有极强系统性、广博性和规模性。

　　本套丛书唯美展现，美不胜收，语言通俗，图文并茂，形象直观，古风古雅，具有很强可读性、欣赏性和知识性，能够让广大读者全面感受到美丽中国丰富内涵的方方面面，能够增强民族自尊心和文化自豪感，并能很好继承和弘扬中华文化，创造未来中国特色的先进民族文化，引领中华民族走向伟大复兴，实现建设美丽中国的伟大梦想。

目 录

春节由来

　　春节是我国民间最隆重最富有特色的传统节日，也是最热闹的一个古老节日。它的时间在农历正月初一这天，又叫阴历年，俗称"过年"。

　　春节起源于殷商时期年头岁尾的祭神祭祖活动。传说最早在尧舜时代就有过春节的风俗。它与清明节、端午节、中秋节并称为我国汉族四大传统节日。

　　关于春节来历，在我国民间，流传着许多美丽传说，充满了丰富的文化底蕴。

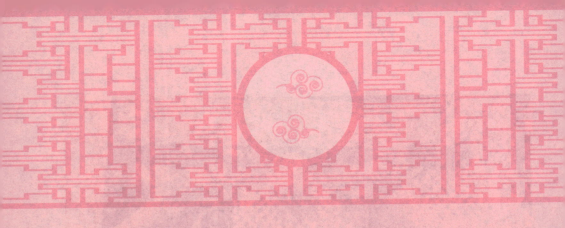

万年用漏壶测时间定春节

关于春节的来历，还有这样一个故事。相传，在古时候，有个名叫万年的青年，看到当时节令很乱，就有了想把节令定准的打算，但

是苦于找不到计算时间的方法。

有一天，万年上山砍柴累了，便坐在树阴下休息，树影的移动启发了他，他设计了一个测日影计天时的晷仪，用来测定一天时间。

后来，山崖上的滴泉启发了他的灵感，他又动手做了一个五层漏壶，用来计算时间。

天长日久，万年发现每隔360多天，四季就会轮回一次，天时的长短也就重复一遍。

当时的国君叫祖乙，也常为天有不测风云而感到苦恼。万年知道后，就带着日晷和漏壶去见国君，对国君祖乙讲日月运行的道理。

祖乙听后大悦，感到很有道理。于是把万年留下，修建日月阁，筑起日晷台和漏壶亭，希望能测准日月规律，推算出准确的晨夕时间。并创建历法，为天下黎民百姓造福。

有一次，祖乙去了解万年测试历法的进展情况。知道万年创建历法已成，就登上日月阁看望万年。当登上日月坛时，看见石壁上的一首诗，诗道：

日出日落三百六，周而复始从头来。
草木枯荣分四时，一岁月有十二圆。

万年指着天象，对皇上说："现在正是12个月满，旧岁已完，新春复始，祈请国君定个节吧！"

祖乙说："春为岁首，就叫春节吧！"

这便是春节的来历。那么，我国的春节到底源自何时呢？

据说，它起源于殷商时期年头岁尾的祭神祭祖活动。传说最早在尧舜时期就有过春节风俗。

农历的正月是一年的开始，而正月上旬或中旬，大部分情况正好

是春季开始，少部分情况立春是在农历腊月下旬。节日的时间和农业劳作息息相关。在甲骨文和金文中的年字，都是谷穗成熟的形象。

在历史上的不同朝代，春节的时间也不一样。夏朝以农历一月为一年之首，商朝以农历十二月为岁首，周朝以农历十一月为岁首，秦朝以农历十月为岁首。

春节作为岁首大节，最早确立于汉朝。那是公元前104年，即汉太初元年，汉武帝颁行《太初历》，

确定以农历正月初一为岁首。此后2000多年，我国沿袭了这一历法体制。

正月新年成为举国上下共享的盛大节日，"官有朝贺，私有祭享"。在朝贺与祭享的各种仪式活动中，增强与更新着各种家庭与社会的关系。

春节在公历1月21日至2月20日之间游动。立春则一般在2月4日或2月5日。春节古称"正旦""岁首""过年"等。

1949年，在中国人民政治协商会议第一届全体会议上，通过了使用世界上通用的公历纪元，把公历元月一日定为元旦，俗称阳历年；农历正月初一通常都在立春前后，因而把农历正月初一定为"春节"，俗称阴历年。

说到春节起源，必然要提到我国传统历法：农历。农历是我国目前仍在与公历并行使用的一种历法，农历，又叫夏历，即农业上使用的历书，有指导农业生产的意义。

据说，当年青年人万年经过长期观察，精心推算，制定出了准确的太阳历，当他把太阳历呈奉给继任国君时，已是满面银须。

新国君深为感动，为纪念万年功绩，便将太阳历命名为"万年历"，封万年为日月寿星。在以后，人们在过年时挂上寿星图，据说就是为了纪念万年。

知识点滴

老人为赶走年兽放炮过年

　　春节又叫阴历年，俗称"过年"，春节和年的概念，最初的含意来自农业，古时人们把谷的生长周期称为"年"，《说文·禾部》记载："年，谷熟也。"

　　在夏商时期产生了夏历，以月亮圆缺的周期为月，一年划分为12个月，每月以不见月亮的那天为朔，正月朔日的子时称为岁首，即一

年的开始，也叫年。年的名称是从周朝开始的，到了西汉才正式固定下来，一直延续到今天。

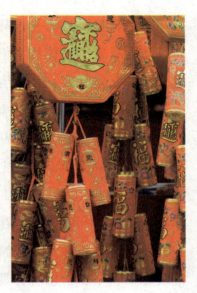

那么，为什么春节又被称为"过年"呢？关于这个俗称，据说和一种叫"年"的怪兽息息相关。

相传，古时候，有一种叫"年"的怪兽，头长触角，凶猛异常。"年"长期深居海底，每到除夕才爬上岸，吞食牲畜，伤害人命。因此，每到除夕，村村寨寨的人们就扶老携幼逃往深山，以躲避"年"兽伤害。

有一年除夕，从村外来了个乞讨老人，他看到乡亲们匆忙恐慌的景象，只有村东头一位老婆婆给了他一些食物，并劝他快上山躲避"年"兽。

老人把胡子撩起来笑道："婆婆若让我在家待一夜，我一定把'年'兽赶走。"

老婆婆仍然继续劝说，乞讨老人却笑而不语。

在半夜时分，"年"兽闯进村里。它发现村里气氛与往年不同：村东头老婆婆家，门贴大红纸，屋内烛火通明。"年"兽浑身一抖，怪叫了一声。将近门口时，院内突然传来"砰砰啪啪"的炸响声，"年"浑身战栗，再不敢往前凑了。

原来，"年"最怕红色、火光和炸响。这时，婆婆把家门打开，只见院内一位身披红袍的老人在哈哈大笑。"年"一见大惊失色，狼狈逃窜了。

　　第二天是正月初一，避难回来的人们见村里安然无恙，都十分惊奇。这时，老婆婆恍然大悟，赶忙向乡亲们述说了乞讨老人的许诺。这个传说充分说明了积德行善能得到回报。

　　这件事很快在周围村里传开，人们都知道了驱赶"年"兽的办法。从此每年除夕，家家贴红对联、燃放鞭炮；户户烛火通明、守更待岁。初一一大早，还要走亲串友道喜问好。这风俗越传越广，成了我国民间最隆重的传统节日。

　　春节到了，就意味着春天将要来临，万象复苏，草木更新，新一轮播种和收获季节又要开始了。人们刚刚度过冰天雪地、草木凋零的漫漫寒冬，早就盼望着春暖花开的日子。当新春到来之际，自然要充满喜悦地载歌载舞地迎接这个美好节日。

知识点滴

　　据说，"年"的甲骨文写法为上面部分为"禾"字，下面部分为"人"字。金文的"年"字也与甲骨文相同，也由禾和人组成。小篆的"年"写作"秊"，《说文解字·禾部》："秊，谷熟也。从禾，从千声。"小篆将"人"字讹变为"千"了，因而许慎用了此说，而"千"字本为有饰的人。

　　"禾"是谷物的总称，不能错解仅为"小麦"。年成的好坏，主要由"禾"的生长和收成情况来决定，而现在已发掘出来的甲骨文中的"禾"字，几乎都是看上去沉甸甸地被压弯了腰，可见它象征着取得谷物生产的大丰收。

　　那么，"年"字下面的"人"字又作何解释呢？从甲骨文看，"年"字好像是人头上顶着沉甸甸的谷穗的样子，象征着人们丰收后的庆祝。

迎年习俗

　　春节一般指除夕和正月初一。但在民间，传统意义上的春节是指从腊月初八的腊祭或腊月二十三、二十四的祭灶，直至正月十五，其中以除夕和正月初一为高潮。

　　从农历腊月二十三起到年三十这几天，我国民间把这段时间叫做"迎春日"，也叫"扫尘日"。

　　在春节前扫尘搞卫生，是我国素有的传统习惯。由于时期、地区和民族的不同，部分地区在扫尘前，还要举行祭灶仪式。

小年的祭灶活动送灶神上天

　　腊月二十三或二十四又称"小年"，是我国民间祭灶的日子，也被称为谢灶、祭灶节、灶王节、祭灶。

　　小年是整个春节庆祝活动的开始和伏笔，其主要的活动有两项：扫年和祭灶。除此之外，还有吃灶糖的习俗，有的地方还要吃火烧、吃糖糕、油饼、喝豆腐汤等。

　　祭灶，是我国民间一

项影响很大、流传极广的习俗。在我国古代，差不多家家灶间都设有"灶王爷"的神位。人们称这尊神为"司命菩萨"或"灶君司命"。

传说他是玉皇大帝封的"九天东厨司命灶王府君"，负责管理各家的灶火，被作为一家的保护神而受到崇拜。

灶王神龛大都设在灶房的北面或东面，中间供上灶王爷的神像。没有灶王神龛的人家，也有将神像直接贴在墙上的。有的神像只画灶王爷一人，有的则有男女两人，女神被称为"灶王奶奶"。

腊月二十三的祭灶与过年有着密切关系。因为，在一周后的大年三十晚上，灶王爷便带着一家人应该得到的吉凶祸福，与其他诸神一同来到人间。

灶王爷被认为是为天上诸神引路的，其他诸神在过完年后再度升天，只有灶王爷会长久地留在人家的厨房内。

祭灶节这一天，实际是各家欢送灶神上天的节日。由于一般人家在灶台附近贴有灶神画像，有时还有灶王奶奶画像陪伴，经过一年烟熏火燎，画像已旧了，面目也黢黑。

要把旧像揭下，用稻草为灶神扎一草马，为了让他"上天言好事，回宫降吉祥"，因此要敬供他，用一块黏稠的糖瓜或者是糕粘在他的嘴上，以使其"嘴甜"，只能说好事，然后和草马一起烧掉。

这个过程被称为"辞灶"。新年后再买一幅新画像，将灶神请回贴上。

迎接诸神的仪式称为"接神"，对灶王爷来说叫做"接灶"。接灶一般在除夕，仪式简单得多，到时只要换上新灶灯，在灶龛前燃香就算完事了。

在祭灶以后，我国古人还喜欢选择吃饺子的习俗，取意"送行饺子迎风面"。山区多吃糕和荞面。

在晋东南地区，流行吃炒玉米的习俗，民谚有"二十三，不吃炒，大年初一一锅倒"的说法。人们喜欢将炒玉米用麦芽糖黏结起来，冰冻成大块，吃起来酥脆香甜。

这灶糖是一种麦芽糖，黏性很大，把它抽为长条型的糖棍称为

"关东糖"，拉制成扁圆型就叫做"糖瓜"。

冬天把它放在屋外，因为天气严寒，糖瓜凝固得坚实而里边又有些微小的气泡，吃起来脆甜香酥，别有风味。

真关东糖坚硬无比，摔不能碎，吃时必须用菜刀劈开。质料很重很细，口味微酸，中间绝没有蜂窝，每块重50克、100克、200克，价格也较贵一些。

糖瓜有芝麻的和没芝麻的两种，用糖做成甜瓜形或北瓜形，中心是空的，皮厚不及1.5厘米，大小不同。

做糖瓜、祭灶是过小年的主要活动，从此后就进入准备过年的阶段，人们的精神放松，开始欢欢喜喜准备正式过年了。

关于灶王爷来历，说起来源远流长。在我国民间诸神中，灶神资格算是很老的。

早在夏朝，他已是民间所尊奉的一位大神了。有说灶神是钻木取火的"燧人氏"；或说是神农氏的"火官"；或说是"黄帝作灶"的"苏吉利"；或说灶神姓张，名单，字子郭。总之众说不一。

知识点滴

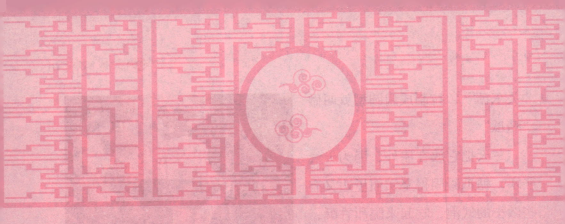

为感激灶王消灾的扫尘活动

"腊月二十四，掸尘扫房子"，据《吕氏春秋》记载，我国从尧舜时期就有春节前扫尘的风俗。

按我国民间的说法：因"尘"与"陈"谐音，新春扫尘有"除陈布新"的含义，其用意是要把一切穷运、晦气统统扫出门。

关于"扫尘"的由来，源于一个古老的故事。

传说，古人认为人身上都附有一个三尸神，像影子一样，跟随着人的行踪，形影不离。

三尸神是个喜欢阿谀奉承、爱搬弄是非的家伙，他经常在玉帝面前造谣生事，把人间描述得丑陋不堪。久而久之，在玉皇大帝印象中，人间简直是个充满罪恶的肮脏世界。

有一次，三尸神密报，人间在诅咒玉帝，想谋反天廷。玉皇大帝大怒，降旨迅速查明人间犯乱之事，凡怨忿诸神、亵渎神灵人家，将其罪行书于屋檐下，再让蜘蛛张网遮掩以做记号。

玉皇大帝又命护法镇山神将王灵官在除夕之夜下界，凡遇到有记号人家，满门斩杀，一个不留。

三尸神见此计即将得逞，乘机飞下凡界，不管青红皂白，恶狠狠地在每户人家的屋檐墙角做上记号，好让王灵官来个斩尽杀绝。

正当三尸神在作恶时，灶君发觉了他的行踪，大惊失色，急忙找来各家灶王爷商量对策。于是，想出了一个好办法，从腊月二十三送灶之日起，到除夕接灶前，每户人家必须把房屋打扫得干干净净，哪户不清洁，灶王爷就拒不进宅。

大家遵照灶王爷升天前的嘱咐，清扫尘土，掸去蛛网，擦净门窗，把自家宅院打扫得焕然一新。等到王灵官除夕奉旨下界查看时，发现家家户户窗明几净，灯火辉煌，人们团聚欢乐，人间美好无比。

王灵官找不到表明劣迹的记号，心中十分奇怪，便赶回天上，将人间祥和安乐、祈求新年如意的情况禀告了玉皇大帝。玉皇大帝听后大为震动，降旨拘押三尸神，下令掌嘴三百，永拘天牢。

这次人间劫难多亏灶神搭救，才得幸免。为了感激灶王爷为人们除难消灾、赐福张祥，所以民间扫尘总在送灶后开始，忙到大年夜。

在扫尘时，人们不仅要把家里的地上打扫干净，还要把墙角床下及屋柱屋梁等处一年的积尘，用扫帚清除干净，此外，还要清洗各种器具，拆洗被褥窗帘，箱柜上的金属把手等，也要擦拭一新。

扫尘这一习俗寄托着人们破旧立新的愿望和辞旧迎新的美好祈求。在春节前扫尘，是我国人民素有的传统习惯。因此，每逢春节来临，大江南北，到处洋溢着欢欢喜喜搞卫生迎新春的喜庆节日气氛。

举行过灶祭后，便正式地开始做迎接过年的准备。

知识点滴

在民间流传着一则传说，扫尘习俗是因通州（今南通）佃农为迎接玉帝的年粮而来。

早先，这里的佃农一年忙到头，除纳粮交租外，所剩无几。他们祈求灶王爷在腊月二十四日上天奉本时多说好话，以便玉帝开恩，从天仓拨点恩赐，在除夕前降下年粮——米雪，让他们饱饱地吃顿团圆饭。

为了迎接玉帝的恩赐，佃农们每年都在腊月二十八日前，将宅院里外打扫得清清爽爽，以迎接天赐年粮，这样年复一年，春节扫尘的风俗就流传下来了。

采 购 年 货

  在喜迎春节之前，家家户户除了扫尘活动，还都要准备好吃、穿、用等各种各样的年货。

  在节前10天左右，人们就开始忙于采购物品，年货包括春联、"福"字、门神、年画、窗花、鞭炮，要准备祭祀祖先的猪、牛、羊、鸡、鸭、鹅、及香烛等祭品，还准备一些过年时走亲访友时赠送的礼品，大人孩子要添置新衣新帽等，准备过年时穿。

  总之，一切都要焕然一新。

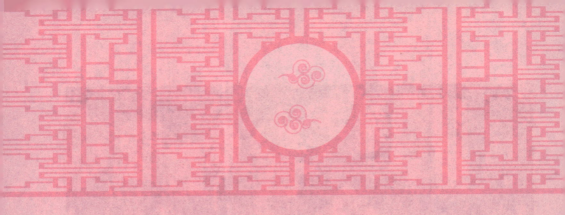

春节前要贴春联和福字

在我国，每逢春节，无论城市还是农村，家家户户都要精选一副大红春联和一个福字贴在门上，为春节增加喜庆的气氛。因此，在新年前，准备春联和福字是必不可少的。

据说，我国在新年前贴春联的习俗，大约始于一千多年前后蜀时期，这是有史为证的，春联的原始形式就是人们所说的"桃符"。

在我国古代神话传说中，相传有一个鬼域的世界，当中有座山，山上有一棵覆盖3000里的大桃树，树梢上有一只金鸡。每当清晨金鸡长鸣的时候，夜晚出去游荡的鬼魂就必须赶回鬼域。

鬼域的大门坐落在桃树的东北，门边站着神荼、郁垒两位神人。如果鬼魂在夜间干了伤天害理的事情，神荼、郁垒就会立即发现并将它捉住，用芒苇做的绳子把它捆起来，送去喂虎。因而天下的鬼都畏惧神荼、郁垒。于是民间就用桃木刻成他们的模样，放在自家门口，以辟邪。

后来，人们干脆在桃木板上刻上神荼、郁垒的名字，认为这样做同样可以镇邪去恶。这种桃木板后来就被叫做"桃符"。

到五代后蜀时，当时后蜀国的国君孟昶是个喜欢标新立异的国君，在964年岁尾的除夕，他突发奇想，让他手下的一个叫辛寅逊的学士，在桃木板上写了两句话，作为桃符挂在住室的门框上。

这两句话是：

新年纳余庆，佳节号长春。

前一句的意思是：新年享受着先代的遗泽。

后一句的意思是：佳节预示着春意常在。

从此开始，桃符的形式和内容都发生了变化，这不仅表现在开始用骈体联语来替代"神荼""郁垒"，而且还扩展了桃符的内涵，不只是辟邪驱灾，还增加了祈福、祝愿的内容。这就成了我国最早的一副春联。

到了宋代，在桃木板上写对联，已相当普遍了。

同时，随着门神的出现和用象征喜气吉祥的红纸来书写桃符，以往的桃符所肩负的驱邪避灾的使命逐渐转移给门神，而桃符的内容，则演化成用来表达人们祈求来年福运降临和五谷丰登的美好心愿。

"春联"一词的正式出现，则是在明朝初年。当年明太祖朱元璋当上皇帝之后，喜欢排场热闹，也喜欢大户人家每到除夕贴的桃符，就想推广一下。

于是，在这一年的除夕前他颁布御旨，要求金陵的家家户户都要用红纸写成的春联贴在门框上，来迎接新春。

大年初一，朱元璋微服巡视，挨家挨户察看春联。每当见到写得好的春联，他就赞不绝口。

在巡视时，朱元璋见到一家人没有贴春联，很是生气，就询问什么原因。

侍从回答说：这是一家从事杀猪和劁猪营生的师傅，过年特别忙，还没有来得及请人书写。

朱元璋就命人拿来笔墨纸砚，为这家人书写了一副春联：

双手劈开生死路；

一刀割断是非根。

写完后，朱元璋继续巡视。

过了一段时间，朱元璋巡视完毕返回宫廷时，又路过这里，见到这个屠户家还没有贴上他写的春联，就问是怎么回事？

这家主人很恭敬地回答道："这副春联是皇上亲自书写的，我们高悬在中堂，要每天焚香供奉。"

朱元璋听了非常高兴，就命令侍从赏给这家30两银子。由此可见，"春联"的得名和推广是朱元璋采取行政命令，颁布御旨才得以推广开来。

到了清朝，春联的思想性和艺术性都有了很大提高，在当时已成为一种文学艺术的形式。

如果从五代时开始计算，我国贴春联的历史已有1100多年，那么为什么百姓对贴春联一直情有独钟呢？这就涉及我国百姓传统的思维观念了。

俗话说："一年之计在于春。"我国人民自古就有乐观的思维观念，就是寄希望于未来，祈盼未来会给自己带来好运。

无论在过去的一年里有什么高兴、得意的事，还是有什么不如意的事，总是希望未来的一年过得更好，所以在新春即将到来之时，贴春联恰好是达

到这种目的的最佳选择。

　　春联既是根据我国古代骈体文衍生出来的一种新文体，又是借鉴了我国诗歌传统的文学形式。它与古代的骈体文和诗歌不同，是一种特有形式的独立文体。譬如：

新春富贵年年好；
佳岁平安步步高。

　　这副春联每联都是7个字，上下联字数相等，这是春联的最基本的要求。

　　春联上下联平仄要相调。对联上下联的表现方法，要注意声律相对，这主要是为了音韵和谐，错落起伏，悦耳动听，铿锵有力。

　　春联这种艺术形式，充分体现了中华民族博大精深的文化内涵。

　　另一方面，在贴春联的同时，人们还喜欢在屋门上、墙壁上、门楣上贴上大大小小的"福"字。为此，在春节来临前，人们还要准备"福"字。

春节贴"福"字，是我国民间由来已久的风俗。

"福"字单从字面上解释是"幸福"的意思，而在过去则指"福气""福运"。春节贴"福"字，无论是过去还是现在，都寄托了人们对幸福生活的向往，也是对美好未来的祝愿。

"福"字形象地体现了人们追求幸福生活的美好愿望。在我国古代，人们习惯将"福"字精心地做成各种图案，有寿星、寿桃、鲤鱼跳龙门、五谷丰登、龙凤呈祥等。

在贴"福"字的时候，人们还喜欢把"福"字倒过来贴，表示"幸福已到""福气已到"。

关于倒贴"福"字的习俗，有一个有趣的传说。

据说，明太祖朱元璋是一个敏感多疑的人，一次，他怀疑自己的臣子密谋反叛，便派人在人们贴春联时，到自己怀疑的大臣家门上贴上"福"字，以便准备派人暗杀掉这些大臣。

这件事被朱元璋的妻子马皇后知道了，马皇后不愿意看到臣子们被杀，为了消除这场灾祸，她悄悄下令全城百姓大小人家必须在贴对联的第二天早上，在自家门上贴上一个"福"字。

马皇后的旨意自然没人违抗，于是家家门上都贴了"福"字。其中，有户人家不识字，竟然把"福"字给贴倒了。

第二天，皇帝派人上街查看，发现家家都贴了"福"字，还有一家居然把"福"字贴倒了。皇帝听了大怒，立即命令御林军把那家满门抄斩。

马皇后一看事情不好，忙对朱元璋说："那家人知道您今日来访，故意把福字贴倒了，这不是'福到'的意思吗？"

朱元璋听后觉得非常有道理，便下令放了人，一场大祸终于消除了。从此。人们在春节前，不仅习惯贴对联，还习惯将"福"字倒贴起来，一求吉利，二为纪念马皇后。

在我国，春联的种类比较多，依其使用场所，可分为门心、框对、横批、春条、斗斤等。

其中，"门心"贴于门板上端中心部位；"框对"贴于左右两个门框上；"横批"贴于门楣的横木上；"春条"根据不同的内容，贴于相应的地方；"斗斤"也叫"门叶"，为正方菱形，多贴在家具或影壁中。

门神、窗花和年画的准备

月

在过春节时，为了祈求一家的福寿安康，一些地方的人们还保留着贴门神、窗花和年画的习惯。

门神是我国道教因袭民俗所奉的司门之神。据说，在大门上贴上两位门神，一切妖魔鬼怪都会望而生畏。

我国民间信奉门神，由来已久。自先秦以来，上自天子，下至庶人，皆崇拜门神。

据《山海经》记载：在
沧茫的大海之中有一座度
朔山，山上有一颗大桃树，
枝干蜿蜒盘伸3000里。桃枝
的东北有一个万鬼出入的鬼
门，门上有两个神人，一个
叫神荼，一个叫郁垒，他们
把守鬼门，专门监视那些害
人的鬼，一旦发现便用芦苇
做的绳索把鬼捆起来，扔到
山下喂老虎。

于是，黄帝向他们敬之
以礼，岁时祀奉，在门上画

神荼、郁垒和老虎的像，并挂上芦苇绳，若有凶鬼出现，二神即抓之
喂虎。

后来，以神荼、郁垒、虎苇索、桃木为辟鬼之神的信仰被人们承
传了下来。

桃是人们崇拜久远的植物，人们认为桃多子多福，是长寿的象
征，因此能够除灾避邪制鬼驱怪。老虎为百兽之王，能够"执搏挫
锐，噬食鬼魅"，"故画虎于门，鬼不敢入"。

这种信仰一直流传至今，为此，人们在除夕之时，常常在门上贴
上画有二神与虎的画，并挂上桃枝或桃人或苇索，以驱鬼辟邪。

此外，我国的门神，除了神荼和郁垒以外，还有唐代出现的钟
馗，元代以后出现的秦琼、尉迟恭。

旧时，苏州地区的人们还崇拜晋代温峤，或崇拜东岳大帝属下的温将军与岳飞元帅。道教还崇奉青龙白虎，一些地区信奉赵云、赵公明、孙膑、庞涓等。

还有的地方将门神分为三类，即文门神、武门神、祈福门神。

文门神即画一些身着朝服的文官，如天官、仙童、刘海蟾、送子娘娘等；武门神即武官形象，如秦琼、尉迟恭等；祈福门神即为福、禄、寿三星。

这些门神虽出现的时间和区域背景不尽相同，但至今都被人们普遍信仰，其中影响最深的要数神荼、郁垒、钟馗、秦琼和尉迟恭了。

这里的秦琼和尉迟恭，是在唐朝以后出现的，关于他们二人成为门神，还源于一个传说。

相传，秦琼和尉迟恭本是唐代皇帝李世民身边的两位将军，一次，李世民生病，听见门外鬼魅呼号，彻夜不得安宁。于是他让这两位将军手持武器立于门旁镇守，这天夜里就再也没有鬼魅骚扰了。

后来，李世民觉得让两位将军每天晚上守夜太辛苦了，便让人把这两位将军的形象画下来贴在门上。后来，结果照样管用。于是，此举也开始在民间流传，秦琼与尉迟恭便成了门神。

　　明清以后的武将门神在全国各地各有不同。如河南人所供奉的门神为三国时期蜀国的赵云和马超；河北人供奉的门神是马超、马岱哥俩；冀西北则供奉的是唐代薛仁贵和盖苏；陕西人供奉的门神是孙膑和庞涓，黄三太和杨香武；重庆人供奉的门神是明朝末期"白杆军"著名女帅秦良玉；汉中一带张贴的多是孟良、焦赞这两条莽汉。

　　北京民居中供奉的除秦琼、尉迟恭外，还有我国名著《水浒传》里的解珍、解宝，吕方、郭盛。

　　因为北京的院落较大，占地面积往往延至后面的胡同。所以，在北京的住宅里，还有一种专贴在后门的门神。不过北京民居的后门门神只贴一位，为什么呢？因为后门一般多为单扇门。贴谁呢？多为捉鬼神钟馗和大唐丞相魏徵。

　　钟馗是捉鬼神，可谓人人皆知，而魏徵之所以成为后门门神也有文字记载。在小说《西游记》中说：唐丞相魏徵斩了泾河老龙王之后，老龙王的鬼魂自觉委屈，便每夜进入内宫找唐太宗李世民索命。

　　无奈宫门外有秦琼、尉迟恭二将把守，老龙王冤魂自不敢从双铜双鞭下走过，便转至皇宫的后宰门，砸砖碎瓦。

　　由于秦琼和尉迟恭已在前门，所以丞相魏徵只好亲自持

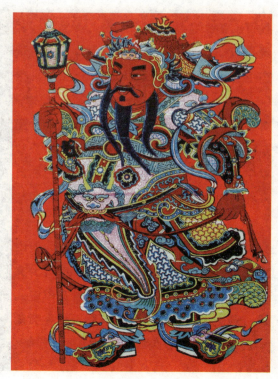

诛龙宝剑夜守后宰门。时间一长，老龙王的冤魂渐渐地衰落下去，魏征手中那把诛龙宝剑便不再呈高扬之状，而是垂立一侧了。

魏征在《隋唐演义》中本是一位贤良文臣，最早在潞城县二贤庄三清观内当道长，后被民间奉为门神后，其像也仗剑怒目，一派英武气概。

在北京民宅大门上，各地门神应有尽有。如：燃灯道人、赵公明，东汉的姚期、马武，抗金英雄岳飞、韩世忠，最可爱的是京北密云一带供奉的门神竟是夫妻二人：杨宗保与穆桂英。

北京住宅院中所贴的门神多取自我国古典名著中的英雄好汉，这些武艺出众、仗义疏财、精忠报国的英雄，妇孺皆知，影响面广，备受民间崇拜。

　　在春节前，除了贴春联、福字和门神，还有贴年画的习俗。春节贴年画在城乡都很普遍，浓墨重彩的年画给千家万户平添了许多兴旺欢乐的喜庆气氛。

　　年画也和春联一样，起源于"门神"。随着木板印刷术的兴起，年画的内容已不仅限于门神之类单调的主题，而是变得丰富多彩。在一些年画作坊中产生了《福禄寿三星图》《天官赐福》《五谷丰登》《六畜兴旺》《迎春接福》等经典的彩色年画，以满足人们喜庆祈年的美好愿望。

　　不仅如此，我国还出现了年画的3个重要产地：苏州桃花坞、天津杨柳青和山东潍坊，这3个地方的年画形成了我国年画的三大流派，各具特色。

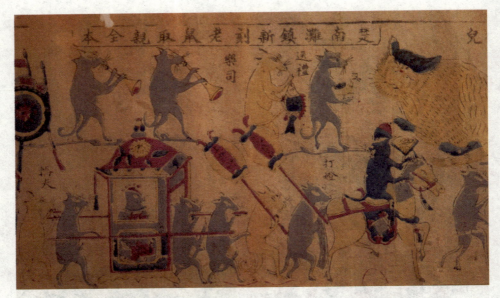

我国收藏最早的年画是南宋《隋朝窈窕呈倾国之芳容》的木刻年画，画的是王昭君、赵飞燕、班姬和绿珠4位古代美人。

民间流传最广的是一幅《老鼠娶亲》的年画，描绘了老鼠依照人间的风俗迎娶新娘的有趣场面。

到20世纪早期，上海郑曼陀将月历和年画二者结合起来，这是年画的一种新形式。这种合二为一的年画，以后发展成为挂历，风靡全国，发扬和丰富了年画的深刻内涵。

除了贴年画，在我国，部分地区在春节前，还有贴窗花的习俗。

关于这个习俗的起源可以追溯到很久很久以前。

据说，我国古人在春节时，喜欢在门窗上画鸡来驱鬼怪邪气。

《山海经》说度朔山上有只天鸡，当太阳刚刚升起，第一道阳光照到天鸡栖息的大树时，天鸡就啼鸣。它一啼，天下的鸡就跟着叫起来了。所以春节所剪的鸡，其实就是象征着天鸡。

古代神话中还有鸡是重明鸟变形的说法。据说，在尧帝时，友邦上贡一种能驱逐虎、豹、豺、狼等猛兽的重明鸟，大家都欢迎重明鸟的到来，可是贡使不是年年都来。

为此，人们就刻一个木头的重明鸟，或用铜铸重明鸟放在门户上，或者在门窗上画重明鸟，吓退妖魔鬼怪，使之不敢再来。

后来，人们在过大年时，有的用木刻、有的用铜铸、有的用纸剪，做成鸡的样子，挂在门窗上。

因为重明鸟样子类似鸡，所以后人便逐渐把重明鸟的形象改为画鸡或者剪窗花贴在门窗上，这就成了后世剪纸艺术的源头和过年贴窗花的风俗。

除了贴窗花，在春节前，人们还要准备鞭炮，以便在除夕之夜，新年来临的那一刻燃放。因此，鞭炮也是过年的必备品之一。

在我国古代，每当节日或喜庆之日，人们都喜欢用火烧竹，毕剥发声，以驱除山鬼瘟神，谓之"炮竹"。火药发明后，人们又以多层

纸密卷火药，接以引线，燃之使爆炸发声，亦称为"炮竹"，也叫"爆仗""炮仗"。

传说古时候，人们途经深山露宿，晚上要点篝火，一为煮食取暖，二为防止野兽侵袭。然而山中有一种动物既不怕人又不怕火，经常趁人不备偷吃东西。人们为了对付这种动物，就想起在火中燃鞭炮，用竹子的爆裂声使其远遁的办法。

这里所说的动物，名叫"山魈"。古人说其可令人寒热，是使人得寒热病的鬼魅。吓跑山魈，才可得吉利平安。

到了唐初，瘟疫四起，有个叫李田的人，把硝石装在竹筒里，点燃后使其发出更大的声响和更浓烈的烟雾，结果驱散了山岚瘴气，制止了疫病流行。这便是鞭炮的雏形。

火药出现后，人们又将硝石、硫黄和木炭等填充在竹筒内燃烧，产生了"爆仗"。到了宋代，民间开始用纸筒和麻茎裹火药编成串做

成"编炮"，即鞭炮。鸣放鞭炮可以创造出喜庆热闹的气氛，是节日的一种娱乐活动，可以给人们带来欢愉和吉利。

随着时间的推移，鞭炮的应用越来越广泛，品种花色也日见繁多，每逢重大节日及喜事庆典，及婚嫁、建房、开业等，都要燃放鞭炮以示庆贺，图个吉利。过春节时鞭炮自然必不可少。

门神是道教和民间共同信仰的守卫门户的神灵。旧时人们都将其神像贴于门上，用以驱避鬼，卫家宅，保平安，助功利，降吉祥等，是民间最受人们欢迎的保护神之一。道教因袭这种信仰，将门神纳入神系，加以祀奉。

在民间，门神是正气和武力的象征。古人认为，相貌出奇的人往往具有神奇的禀性和不凡的本领。他们心地正直善良，捉鬼擒魔是他们的天性和责任，人们所仰慕的捉鬼天师钟馗，就是奇形怪相。所以民间的门神永远都怒目圆睁，相貌狰狞，手里拿着各种传统的武器，随时准备同敢于上门来的鬼魅战斗。由于我国民居的大门通常都是两扇对开，所以门神总是成双成对。

知识点滴

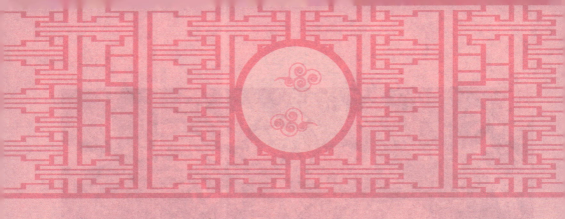

节日的食品样样准备齐全

在我国有句俗话说：民以食为天。当然，在春节前，人们除了要准备春联、福字等物品外，最重要的还要准备过年的食品。

在我国的古代农业社会里，大约自腊月初八以后，家庭主妇们就要忙着开始张罗过年的食品了。

除了腌制腊味所需的时间较长，必须尽早准备外，还要准备春节的必备食品。比如年糕、饺子等，这些食品的原材料也要稍稍提前准备。还有鸡鸭鱼肉、茶酒油酱、南北炒货、糖饵果品等，都要采买充足。

年糕因为谐音"年高"，再加上有着多种变化口味，几乎成了家家必备的食品。年糕的式样有方块状的黄、白年糕，象征着黄金、白银，寄寓新年发财的意思。

据说，我国古人在7000多年前就已经开始种植稻谷。从汉朝起，就有了"稻饼""饵""糍"等多种称呼。

不过，年糕的真正出现，大约是在春秋战国时期。相传，在春秋战国时期，吴国大夫伍子胥帮助阖闾夺了吴国王位，并帮助他整顿军队、强盛国势，但后来阖闾志得意满，命令伍子胥筑"阖闾大城"，以显示他的功德。

城垣建成后，吴王摆下盛宴庆贺。席间群臣纵情酒乐，认为有了坚固的城池便可高枕无忧。

见此情景，国相伍子胥深感忧虑。他叫来贴身随从，嘱咐道："满朝文武如今都以为高墙可保吴国太平。城墙固然可以抵挡敌兵，但里边的人要想出去也会同样受制。如果敌人围而不打，吴国岂不是作茧自缚？忘乎所以，必至祸乱。倘若我有不测，吴国受困，粮草不济，你可去相门城下掘地一米取粮。"

随从以为伍子胥酒喝多了，并未当真。没过多久，吴王阖闾驾崩，夫差继承王位，听信谗言，伍子胥力谏吴王拒绝越国越王勾践的求和，遭到嫌弃并被赐死。

伍子胥自刎后，越王勾践便举兵伐吴，将吴国都城姑苏城团团围住。吴军困守城中，炊断粮绝，街巷内妇孺哭声惨不忍闻。

这时，那位伍子胥随从记起从前的嘱咐，便急忙召集邻里一起来到相门外掘地取粮，当挖到城墙下一米深时，才发现城砖是用糯米粉做的。

顿时人们激动万分，朝着城墙下跪，拜谢伍子胥。这些糯米粉救了全城老百姓。于是在伍子胥的家人主持下，将糯米粉做的城砖分给城内饥民，大家暂时度过了饥荒。

后来，姑苏城的人们为了纪念伍子胥爱国忧民的精神，此后每到寒冬腊月，就准备年糕，一来表示对伍子胥的怀念，二来可供在送旧迎新的春节与亲朋好友分享。所以，现在苏州城的年糕造型与城砖相似，而且煮后不腻，干后不裂，久藏不坏。

这则传说故事，不论是否具有真实性，但这个传说充分表达了人民群众对忠臣贤相的敬仰之情。

在辽代时，据说北京的正月初一，家家就有吃年糕的习俗。到明朝、清朝的时候，年糕已发展成市面上一种常年供应的小吃，并有南北风味之别。

年糕美味、香甜、醇香，具有浓重的历史气息。北京人喜食江米或黄米制成的红枣年糕、百果年糕和白年糕；河北人则喜欢在年糕中加入大枣、小红豆及绿豆等一起蒸食；山西北部和内蒙古等地，过年时习惯吃黄米粉油炸年糕，有的还包上豆沙、枣泥等馅；山东人则用黄米、红枣蒸年糕。

北方的年糕以甜为主，或蒸或炸，也有人干脆蘸糖吃；南方的年糕则甜咸兼具，例如苏州及宁波的年糕，原材料是粳米，味道清淡。除了蒸、炸以外，还可以切片炒食或是煮汤。甜味的年糕以糯米粉加白糖、猪油、玫瑰、桂花、薄荷、素蓉等配料，做工精细，可以直接蒸食或是沾上蛋清油炸。

在春节时，除了吃年糕，更多地方还有吃饺子的习俗。

饺子是深受我国人民喜爱的传统特色食品，有水饺、蒸饺，煎饺等，是我国北方民间的主食和地方小吃，也是年节必备食品。有一句民谣叫"大寒小寒，吃饺子过年。"说的就是这个意思。

据说，饺子起源于东汉时期，为医圣张仲景首创。相传张仲景任长沙太守时，常为百姓除疾医病。有一年当地瘟疫盛行，他在衙门口垒起大锅，舍药救人，深得长沙人民爱戴。

张仲景从长沙告老还乡后，正好赶上冬至这一天，走到家乡白河岸边，见很多穷苦百姓忍饥受寒，耳朵都冻烂了。

原来当时伤寒流行，病死人很多。他心里非常难受，决心救治人民群众。张仲景回到家，求医的人特别多，他忙得不可开交，但他心里总挂记着那些冻烂耳朵的穷百姓。他仿照在长沙的办法，叫弟子在南阳东关一块空地上搭起医棚，架起大锅，在冬至那天开张，向穷人舍药治伤。

张仲景的药名叫"祛寒娇耳汤"，是总结汉代300多年临床实践而成的，其做法是用羊肉、辣椒和一些祛寒药材在锅里煮熬，煮好后再把这些东西捞出来切碎，用面皮包成耳朵状的"娇耳"，下锅煮熟后分给乞药的病人。

每人两只娇耳、一碗汤。人们吃下祛寒汤后浑身发热，血液通畅，两耳变暖。老百姓从冬至吃到除夕，抵御了伤寒，治好了冻耳。

　　张仲景舍药一直持续到大年三十。大年初一，人们庆祝新年，也庆祝烂耳康复，就仿照娇耳样子做过年的食物，并在初一早上食用。

　　人们称这种食物为"饺耳""饺子"或"扁食"，在冬至和大年初一吃，以纪念张仲景开棚舍药和治愈病人的善举。

　　张仲景治病救人故事充分表达了人们对崇高医德的赞颂。因此，每逢冬至和大年初一，人们吃着饺子，心里仍记挂着张仲景的恩情。

　　现在，我国人用不着用娇耳汤来治冻烂的耳朵了，但饺子已成了人们最常见、最爱吃的食品。

　　那么，人们最爱吃的这种食物是怎样做成的呢？

　　一般来说饺子是先和面做成饺子皮，再用皮包上馅，馅的原料是五花八门，各种肉、蛋、海鲜、时令蔬菜等都可入馅。

　　饺子多以冷水和面粉为剂子，将面和水和在一起，揉成大的粗面团，盖上蒸干的湿纱布或毛巾。放置一小时左右，再用刀切或手揪成若干个小面团，先后揉搓成直径约3厘米左右的圆长条，刀切或手揪成

一个个小面剂子，将这些小面剂子用擀面杖擀成中间略厚周边较薄的饺子皮，包裹馅心，捏成月牙形或角形。

　　先将冷水烧开，饺子下锅并用漏勺或者汤勺顺着锅沿逆时针或顺时针轻轻搅动，以防饺子粘连。煮至饺子浮上水面，馅皮

分离即可，如为肉馅可在沸腾时添少许冷水再烧，反复两三次。

饺皮也可用烫面、油酥面或米粉制作；馅心可荤可素、可甜可咸；成熟方法也可用蒸、烙、煎、炸等、荤馅有三鲜、虾仁、蟹黄、海参、鱼肉、鸡肉、猪肉、牛肉、羊肉等，素馅又分为什锦素馅、普通素馅之类。这些饺子的特点是皮薄馅嫩，味道鲜美，形状独特，百食不厌。

饺子的制作原料营养种类齐全，蒸煮法保证营养较少流失，并且符合我国色香味饮食文化的内涵。

正统饺子吃法，是清水煮熟，捞起后调以醋、蒜末、香油、酱油为作料蘸着吃。

饺子是一种历史悠久的民间吃食，深受百姓欢迎，民间有"好吃不过饺子"的俗语。每逢新春佳节，饺子更成为一种应时不可缺少的佳肴。

因为和面的"和"字就是"合"的意思，饺子的"饺"和"交"谐音，"合"和"交"又有相聚之意，所以用饺子象征团聚合欢。又取更岁交子之意，非常吉利。此外，饺子因为形似元宝，过年时吃饺子，也带有"招财进宝"的吉祥含义。

北方春节喜吃饺子，其寓意团圆，表示吉利和辞旧迎新。为了增加节日的气氛和乐趣，历代人们在饺子的馅上下了许多功夫，人们在饺子里包上钱，谁吃到来年会发大财；在饺子里包上蜜糖，谁吃到意味着来年生活甜蜜等，真是食俗颇丰，意味深长，充分代表了年节的情趣。

一家老少聚在一起包饺子，话新春，其乐融融，充分享受春节带来的天伦之乐。当然，在春节时，人们除了吃饺子，还要吃其他特色美食。在北京和天津等地，人们一般在除夕之夜做大米干饭、炖猪肉、牛羊肉、炖鸡，再做几个炒菜。

陕西家宴一般为四大盘、八大碗。四大盘为炒菜和凉菜，八大碗以烩菜、烧菜为主。

在安徽南部仅肉类的菜肴就有红烧肉、虎皮肉、肉圆子、木须肉、粉蒸肉、炖肉及猪肝、猪心、猪肚制品，另外还有各种炒肉片、炒肉丝等，让人垂涎欲滴。

湖北东部地区为"三蒸""三糕""三丸"。"三蒸"为蒸全鱼、蒸全鸭、蒸全鸡；"三糕"是指鱼糕、肉糕、羊糕；"三丸"是指鱼丸、肉丸、藕丸。

哈尔滨一带一般人家炒8个至16个菜不等，但必须是双数，其主料无非是鸡鸭鱼肉和蔬菜。

浙江有些地方一般为"十大碗"，讨"十全十福"之彩，以鸡鸭鱼肉及各种蔬菜为主。

赣南的年夜饭一般为12道菜。江西南昌地区一般10多道菜，讲究四冷、四热、八菜二汤。

在苏州一带，餐桌上必有青菜，意为安乐菜；黄豆芽，寓意如意菜；芹菜，意为勤勤恳恳。

在湘中南地区，年夜饭必有一条1000克左右的鲤鱼，称"团年

鱼"，必有一个3000克左右的猪肘子，称"团年肘子"。

皖中、皖南餐桌上有两条鱼，一条完整的鲤鱼，只能看却不许吃，既敬祖又表示年年有余，另一条是鲢鱼，可以吃，象征连子连孙，人丁兴旺。

安徽祁门家宴的第一碗菜是"中和"，用豆腐、香菇、冬笋、虾米、鲜肉等制成，含义为"和气生财"。

合肥的饭桌上有一碗"鸡抓豆"，意思是"抓钱发财"。管家人要吃一只鸡腿，名为"抓钱爪"，意味着明年招财进宝。

安徽省安庆县农户的当家人要在饭前先吃一碗面条，被称作"钱串子"。南昌地区必食年糕、红烧鱼、炒米粉、八宝饭、煮糊羹，其含义依次是年年高升、年年有鱼、粮食丰收、稻米成串、招财进宝、年年富裕。

知识点滴

在我国，各地的除夕家宴上，还有一种或几种必备的菜，而这些菜往往具有某种吉祥含义。

特别是年夜饭，在某些地区非常讲究：

一是全家务必聚齐，因故未回者必须留一座位和一套餐具，体现团圆之意；

二是饭食丰盛，重视"口彩"，把年糕叫"步步高"，饺子叫"万万顺"，酒水叫"长流水"，鸡蛋叫"大元宝"，全鱼叫"年年有余"；这条鱼准看不准吃，名为"看余"，必须留待初一食用。北方无鱼的地区，多是刻条木头鱼替代。

三是座次有序，多为祖辈居上。孙辈居中，父辈居下，不分男女老幼，都要饮酒。吃饭时关门闭户，热闹尽兴而止。

除夕活动

　　除夕是我国传统节日中最重大节日之一，是指每年农历腊月最后一天的晚上，也指一年的最后一天，与正月初一首尾相连。

　　除夕中的"除"字，是去、易、交替的意思，除夕的意思是月穷岁尽，人们都要除旧布新，有除去旧岁换新岁的意思。所以在此节日期间的活动都围绕着除旧布新、消灾祈福这个中心进行。

　　除夕和正月初一作为春节的年节，是庆贺过年的高潮，也是核心。

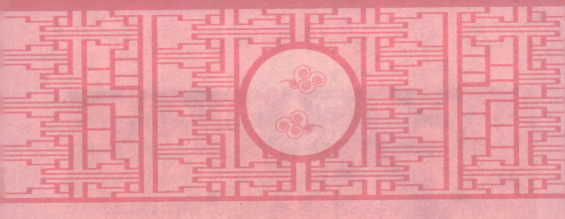

除夕的起源传说和内涵

农历一年最后一天的晚上，即春节前一天晚上，又称该日为年三十，也叫"除夕"。除夕这个词是从岁暮演变而来，岁暮的根源体现在《诗经·唐风·蟋蟀》里：

蟋蟀在堂，岁聿其莫。

今我不乐，日月其除。

无已大康，职思其居。

好乐无荒，良士瞿瞿。

意思是说：蟋蟀还在叫，一年又到岁末。今天不乐，日月将除。但要居安思危，好乐也不应有过，这才是良士的所为。岁末夜还要除残去秽，才可以进入新年。

岁末除的另一种表达是送或逐除。《礼记·月令》中说，岁末第一要务是"命有司大傩，旁磔，出土牛，以送寒气"。

"有司"是指掌管驱疫的官吏。"旁磔"按唐朝经学家孔颖达的解释是，在四方之门分别披挂肢解的牲畜，即鸡、羊与狗，与"大傩"目的是一样的。

　　大傩的形式，在《周礼·夏官·方相士》中有清晰记载，专驱鬼怪的"方相士"由武夫担任，他们手掌要蒙熊皮，头戴面具，面具上以黄金点目，穿黑衣红裙，执戈扬盾，挥戈时要呼着"傩！傩！"的声音。

　　腊日是腊月初八，是进入岁末仪式的开端。从腊月初八开始就要以大傩禳祭驱鬼，这驱鬼其实与除夕的祖先团聚相互关联，迎回祖先必须先要驱除外来的邪气。

　　我国在先秦时期就有"逐除"的习俗。据有关记载中说：古人在新年的前一天用击鼓方法来驱逐"疫疠之鬼"，这就是"除夕"节令的由来。

　　相传在很久以前，有一个妖怪叫"夕"，专门害人，特别是看见哪家有漂亮的女孩儿，晚上就要去糟蹋她，而后还要把女孩儿吃掉。老百姓对夕恨之入骨，但又没有办法。

有个叫七郎的猎人，力大无穷，箭射得很好，养的狗也非常厉害，任何猛兽都敢去斗。七郎见百姓被夕害苦了，就想除掉它。他带着狗到处找夕，却始终没有找到。

原来，夕白天不出来，太阳落山后才出来害人，半夜后又不见了，没人知道它到底住在哪里。

七郎找夕找了一年，这天已是腊月三十，他来到一个镇上，见人们都在欢欢喜喜准备过年。

七郎心想，这个镇大，人多，姑娘也多，夕可能要来。于是，七郎就找镇上的人们商量，说夕最怕响声，叫大家天黑了不要睡觉，多找些敲得响的东西放在家里，一有动静就使劲敲，把夕吓出来除掉。

这天晚上，夕果然来了，它刚闯进一户人家就被发现了。这家人马上敲起了盆盆罐罐，接着，整个镇子也跟着敲起来。

夕吓得四处乱跑，正好被七郎看见了。七郎放出猎狗去咬它，夕就跟七郎和狗打了起来。人们一听外头打起来了，都拿起东西敲得震天响。

这时，夕有点儿斗不过七郎和猎狗，想逃跑，哪知道后腿被猎狗咬住不放。于是，七郎趁机开弓

猛射，一箭就把夕射死了。

从那以后，人们就把腊月三十叫"除夕"了。

关于除夕一词，最早见于古代文献，晋代御史中丞周处的《风土记》说：

至除夕达旦不眠，谓之"守岁"。

《风土记》又记载：除夕之夜，互相赠送，称为馈岁；酒食相邀，称为别岁；长幼聚饮，祝颂完备，称为分岁。

除夕一过，新年就到了，所以被称为年除日，又称穷年、穷岁、除日、除夜、岁除、岁暮、岁尽、暮岁等，民间俗称大年夜、年三十儿或大年三十儿。

除夕还被称为年关，与端午、中秋并称为民间一年中清理往来账目的三大节关。

除夕这一天对我国人来说，是极为重要的。这一天人们要除旧迎新、吃团圆饭、守岁、放火炮等，表示驱除不祥，迎接幸福祥瑞。

除夕夜守岁的风俗，与上古年终围炉习俗的传承有关。原始先民掌握了火的使用之后，就用火取暖照明，烤食制器，防御野兽。

在母系社会里，威望最高的妇女管理着氏族里的炊事等活动，年终围炉守岁的原始遗风逐渐传承了下来。有关"年"的传说，也说明除夕的历史更加悠久。

在《诗经·豳风·七月》中，记载了西周时期民间新旧岁交替时的风俗活动。一般庶民结束田间的农业劳动，已到了十月的冬季。

人们在室内生火，用烟熏鼠，准备过年，即所谓"八月剥枣，十月获稻，为此春酒，以介眉寿"，用收获物庆丰收、敬老人，成为最隆重的庆祝活动。同时举行敬神、敬祖活动，感谢神和列祖列宗的保佑，祈求来年再获丰收。

在周朝有关的史料典籍中，有周天子岁首与朝臣贺岁团拜的记录。西汉时，君臣在年节互相拜年，逐渐成为皇家例制。汉武帝时，颁行了《太阴历》，元旦节庆正式形成，除夕也成为重要的年节。

秦汉时代，"阴阳五行""五德终始"之说广泛流传于民间，方术之士遍布天下，他们有时讲灾异，有时讲祥瑞，周朝兴起的巫术再度盛行。

许多起源于迷信的民间风俗活动，也使维系新旧两年更替的除夕年节，染上了迷信色彩，这实际上表达了人们向往美好生活的愿望。

南宋学者吴自牧的《梦粱录》卷六记载：

> 十二月尽，俗云"月穷岁尽之日"，谓之"除夜"。士庶家不论大小家，俱洒扫门闾，去尘秽，净庭户，换门神，挂钟馗，钉桃符，贴春联，祭祀祖宗。遇夜则备迎神香花贡物，以祈新岁之安。

唐宋时期，除夕作为年节，已被人们普遍重视。众多的年节活动，不断展示着我国传统文化丰富而厚重的堆积层。

知识点滴

一年的最后一天，是春、夏、秋、冬四季中的最后一个节日，民间俗称"年三十"，这天晚上称为"除夕"。

由于农历大月有30天、小月只有29天，所以除夕的日期也就有廿九、三十的不同了。但是这一天常常不论是二十九还是三十，习惯上都被称为"大年三十"。

在这一天，人们要彻底清扫室内、外环境，即使平时很少光顾的犄角旯旮，这一天也要特别认真地打扫干净。俗话说"柴有柴样，炭有炭样，清水洒街，黄土垫厕。院里院外，喜气洋洋"。

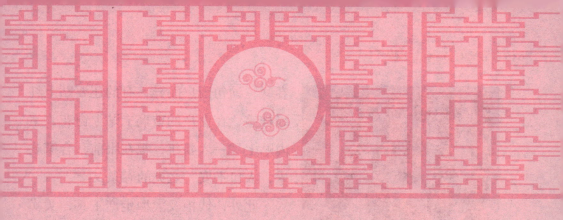

辞旧迎新贴条幅和摆天地桌

农历腊月三十为除夕，俗称大年三十。人们辞旧迎新的主要庆典都集中在这一天，因此，这一天是最隆重、最热闹的日子。

为了点缀年景，营造新春纳福迎祥的气氛，从早晨起，人们就都梳妆打扮整齐。

旧时，女人们都戴上象征吉庆有余的绒花、绢花，门前贴上红色

春联，词句因户而异，有的还要贴上红绿挂签，在窗户的玻璃上贴上窗花，室内贴上"一入新年，福在眼前，合家欢乐，人口平安"之类的春条。

此外，钱柜及大型生产工具，买卖店铺的幌子、招牌上，都贴上黄纸做的"道有儿"。但是，一些王府门头或较大的宅门往往不用这些装点，他们只将标有自家堂号的大红"气死风"灯挂起来就行了。

三十晚至初一凌晨，传说诸神下界考查人间善恶。因此，各家各户的院内还要设天地桌，上设五供，焚香秉烛，以求过往神灵在新的一年里赐福。

摆天地桌的位置也不统一，如堂屋地方宽大，可置于屋中，如屋内无地方，就置于院中。

正厅设八仙桌，挂上红绣片的桌围子，摆上香炉、蜡扦，插上红蜡。蜡扦下边还分别压着黄钱、元宝、千章，谓之"敬神钱粮"。

各家所供的神像不一，大致说来，一是"百份"，即天地爷和诸神木版刻印的相册。头一张是黄纸彩色的玉皇大帝，半插半露地插在一个红灯花纸的口袋里，再夹在一个木夹子上；二是在大幅黄毛边纸上拓印的木刻水彩印刷的"天地三界十八佛诸神"的全神码；三是福禄寿三星的画像或瓷像；四是接进来的财神码，是给夜间接神准备的祭坛。

院内设生铁铸成的大"钱粮盆"一个，内放松木枝、芝麻秸，两旁各设一挂至数挂鞭炮。

在我国古代，如家里有佛堂、神龛的，在除夕之夜，一律要上供，供品通常有：成堂套饼、成堂蜜供、成堂鲜果和其他多为素食品的干果或炒菜。

供品堂数不拘，有用一堂、三堂、五堂乃至九堂的。此外，还要做一碗年饭，摆上桂圆、荔枝、生栗子、红枣等年饭果，中间用一块大柿饼插上带松木豆染红的松枝，以红绳拴五枚小铜钱挂在上边，谓之"摇钱树"，再用黄、白年糕各一块，一块枣朝上，一块枣朝下，放在碗内，上插刘海洒金钱的元宝。

这两碗供品对称地放在供桌两边，前边摆设五供祭器，并点上大红蜡，以渲染年夜的气氛。

在除夕这一天的所有这些活动仪式，都表达了人们祈福保平安的美好愿望。

除夕之夜的供品成堂套饼、成堂蜜供、成堂面鲜和成堂鲜果等分别是：

成堂套饼：即是用5个大小不等的月饼叠起来，上边摆个带红寿字的面桃，此为一碗，共5碗。每碗插一支供花。

成堂蜜供：即是用面块小条过油后，滚上蜜，叠成小塔，高的有数尺，矮的只有几寸。除灶王供为3碗外，余者皆为5碗一堂。

成堂面鲜：即用面粉制成的各种水果形的点心，亦为5碗，每碗亦插供花一支。

成堂鲜果：如柑橘、苹果之类，只有梨不作供品，亦为5碗，每碗亦插供花一支。

知识点滴

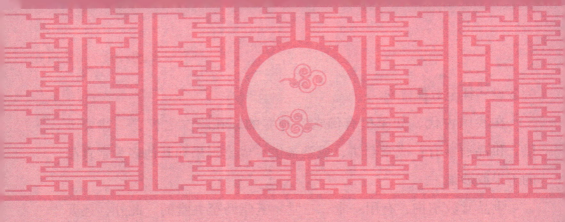

除夕之夜先吃年饭后发红包

除夕，从三十晚上到大年初一清晨，在这段"一夜连双岁，五更分两年"的特殊日子里，人们安排了很多别开生面的活动，以迎接春节的到来。

这些活动，家家自发参与，人人自觉照办，久而久之，就成了除夕中的习俗。

在除夕这一天的晚上，人们首先进行的第一项活动便是吃团圆饭。

吃团圆饭时，家里的成员要齐全，菜饭要丰富，让人有充实感，预示

来年生活美满，因为这顿饭是对年菜的首次品尝，可以荤素一齐上。

孩子们玩耍放鞭炮的时候，也正是主妇们在厨房里最忙碌的时刻，过年的饭菜都在前几天做好了，而年夜饭总要在年三十当天掌厨做出来。

在北方，大年初一的饺子也要在三十儿晚上包出来。这时，家家的菜板上都在"噔噔噔"地忙着剁肉、切菜。

家家户户传出的剁肉声、大街小巷传出的鞭炮声、小店铺子传出的"噼噼啪啪"的算盘声和抑扬顿挫的报账声，再夹杂着处处的说笑声，此起彼伏，交织成除夕欢快的乐章。

吃年夜饭是春节家家户户最热闹愉快的时候。大年夜，丰盛的年菜摆满一桌，阖家团聚，围坐桌旁，共吃团圆饭，共叙儿女情，心头的幸福感难以言喻。

人们既是享受满桌的佳肴盛馔，也是享受那份快乐的气氛。

桌上有大菜、冷盘、热炒、点心，一般少不了两样东西，一是火锅，一是鱼。

火锅沸煮，热气腾腾，温馨撩人，说明红红火火；"鱼"和"余"谐音，是象征"吉庆有余"，也喻示"年年有余"。

还有萝卜，俗称菜头，祝愿有好彩头；龙虾、鱼等煎炸食物，预

祝家运兴旺如"烈火烹油"等。最后多为一道甜食，祝福往后的日子甜甜蜜蜜。

在古代，过年喝酒非常注意酒的品质，有些酒还有许多动人的酒名，如葡萄酒、蓝尾酒、宜春酒、梅花酒、桃花酒、屠苏酒等，都有丰富的文化内涵。

一年一度的团圆饭，充分表现出中华民族家庭成员的互敬互爱，这种互敬互爱使一家人之间的关系更为紧密。

家人的团聚往往令一家之主在精神上得到安慰与满足，老人家眼看儿孙满堂，一家大小共叙天伦，过去的关怀与抚养子女所付出的心血总算没有白费，而年轻的一辈，也可以借此机会，感激父母的养育之恩。

除夕之夜的第二项活动就是发压岁钱，也称发"红包"，这是除夕之夜的高潮部分，通常是在年夜饭吃完以后进行。

过年给压岁钱，体现长辈对晚辈的关爱和晚辈对长辈的尊敬。在发压岁钱时，长辈要将事先准备好的压岁钱分发给晚辈，因为"岁"与"祟"是谐音，压岁钱可以压住邪祟，晚辈得到压岁钱就能平平安安度过一岁。

　　有的人家是吃完年夜饭后，人人坐在桌旁不许走，等大家都吃完了，由长辈发给晚辈压岁钱，并勉励儿孙在新的一年里学习进步，好好做人；也有的人家是父母在夜晚待子女睡熟后，放在他们的枕头下；更多的人家是小孩子们齐集正厅，高呼爷爷奶奶、爸爸妈妈新年快乐，列队跪拜，而后伸手要红包。

　　有的家庭为了制造除夕夜的热闹情景，还会追讨到长辈的卧房，一齐跑到床沿，大嚷特嚷："压岁钱，压岁钱！"

　　老人家还嫌不够热闹，故作小气，由讨价还价到大家围攻摸索，直到最后把老祖宗准备的红包挖掘出来，大家"抢掠"一空，才喧闹着散开。

　　老人家逢此情景却乐不可支，认为这是新年事事顺利的好兆头。

有童谣说道：

三星在南，家家拜年；
小辈儿的磕头，老辈儿的给钱。
要钱没有，扭脸儿就走。

在我国古代，压岁钱有两种：一种是以彩绳穿钱编作龙形，置于床脚，此记载见于清代文人富察敦崇作的《燕京岁时记》；另一种是最常见的，即由家长用红纸包裹分给孩子的钱。

一直以来，长辈给晚辈分送压岁钱的习俗仍然盛行，压岁钱的数额不等，新的时尚为压岁钱赋予了新的内容。

此外，还有一种名副其实的压岁钱，是由晚辈给老人的。"岁"在这里是指年岁、岁数，压岁意在期盼老人健康长寿。

我国古人认为，分压岁钱给孩子后，当恶鬼妖魔去伤害孩子时，孩子可以用这些钱讨好它们，从而化凶为吉。

关于压岁钱，有一个流传很广的故事。传说古时候，有一种小妖叫"祟"，大年三十晚上出来用手去摸熟睡着孩子的头，孩子往往吓得哭起来，接着头疼发热，变成了傻子。

因此，家家都在这天亮着灯，坐着不睡，叫做"守祟"。

一次，有一家夫妻俩老年得子，因而将孩子视为心肝宝贝。到了年三十夜晚，他们怕"祟"来害孩子，就拿出8枚铜钱同孩子玩。

孩子玩累了，睡着了，他们就把8枚铜钱用红纸包着，放在孩子的枕头下边。夫妻俩在旁边守着，不敢合眼。

半夜里，一阵阴风吹开房门，吹灭了灯火，"祟"刚伸手去摸孩子的头，枕头边就迸发出道道闪光，吓得"祟"逃跑了。

第二天，夫妻俩把用红纸包的8枚铜钱吓退"祟"的事告诉了大家，从那以后大家都学着做，孩子就平安无事了。

原来，这8枚铜钱是八仙变的，暗中来保护孩子的。因为"祟"与"岁"谐音，之后逐渐演变为压岁钱。

到了明清有：

以彩绳穿钱编为龙形，谓之压岁钱。尊长之赐小儿者，亦谓压岁钱。

所以，一些地方把给孩子的压岁钱叫"串钱"。

后来，压岁钱才演变为红纸包100文铜钱赐给晚辈，其寓意为"长命百岁"；对已成年的晚辈，红纸包里则放一枚银元，其寓意为"一

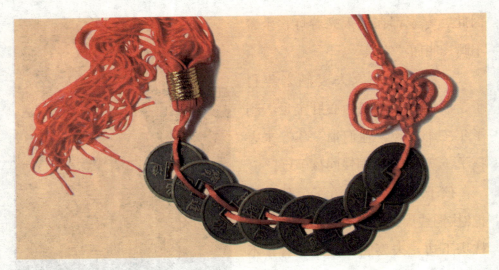

本万利"。

货币改为纸币后，长辈们喜欢到银行兑换票面号码相连的新钞票给孩子，祝愿孩子"连连高升"。总之，在除夕之夜发压岁钱，体现了长辈们对晚辈无尽的关爱与美好的祝愿。

知识点滴

关于压岁钱的习俗来源，还有另外两种说法：

一说源于古代"压惊"。说是太古时有一种凶兽叫"年"，隔365日后之夜，就要出来伤害人畜、庄稼。

小孩子害怕，大人则以燃鞭炮驱赶"年"，用食品安慰小孩，即为"压惊"。年久日深，便演变为以货币代食物，至宋便有"压惊钱"。

另一说是，北宋神宗时有一位名叫王韶的大臣，他有一个小儿子叫南陔，在元宵节时被坏人背走，于途中惊呼，才被皇上所救。后来，宋神宗为了给南陔压惊，便赐了南陔"压惊金犀钱"。以后发展为"压岁钱"。

大年之夜重要的守岁活动

在除夕之夜，发完压岁钱以后，就进入了第三项活动"守岁"。守岁就是在旧年的最后一天夜里不睡觉，熬夜迎接新一年到来的习俗，也叫除夕守岁，俗名"熬年"。

除夕守岁是我国过春节中最重要的年俗，这在魏晋时期就有记载。除夕晚上，一家老小熬年守岁，欢聚酣饮，共享天伦之乐，这是我们炎黄子孙

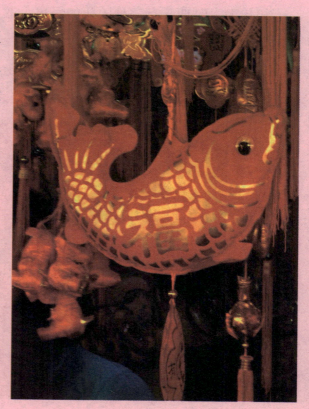

至今仍很重视的年俗。

守岁时间从吃年夜饭开始，这顿年夜饭要慢慢地吃，从掌灯时分入席，有的人家一直吃至深夜。

根据南朝梁国学者宗懔《荆楚岁时记》的记载，我国古人在南北朝时，就已经有了吃年夜饭的习俗。

守岁的习俗，既对如水逝去的岁月含惜别留恋之情，又对来临的新年寄以美好希望之意。梁朝的不少文人都有守岁的诗文，其中就有"一夜连双岁，五更分二年"的诗句。

探究"守岁"这个习俗的来历，在我国民间还流传着一个有趣的故事呢！

相传太古时期，有一种凶猛的怪兽，散居在深山密林中，人们管它叫"年"。

年的形貌狰狞，生性凶残，专食飞禽走兽、鳞介虫豸，一天换一种口味，从磕头虫一直吃到大活人，让人谈之色变。

　　后来，人们慢慢掌握了年的活动规律，它是每隔365天窜到人群聚居的地方吞食家畜，伤害人类，而且出没的时间都是在天黑以后，等到鸡鸣破晓，它便返回山林中去了。

　　百姓们算准了年肆虐的日期，便把这可怕的一夜视为关口，称作年关。并且，人们还想出了一整套过关的办法：每到这一天晚上，每家每户都提前做好晚饭，熄火净灶，再把鸡圈牛栏全部拴牢，把宅院的前后门都封住，躲在屋里吃年夜饭。

　　由于这顿晚餐具有凶吉未卜的意味，所以置办得很丰盛，除了要全家老小围在一起用餐表示和睦团圆外，还须在吃饭前先供祭祖先，祈求祖先的神灵保佑，平安地度过这一夜，吃过晚饭后，谁都不敢睡觉，挤坐在一起闲聊壮胆，就逐渐形成了除夕熬年守岁的习惯。

　　作为一种民俗，除夕守岁由来已久，最早记载见于晋周处的《风

土记》：

> 除夕之夜，各相与赠送，称为"馈岁"；
> 酒食相邀，称为"别岁"；
> 长幼聚饮，祝颂完备，称为"分岁"；
> 大家终夜不眠，以待天明，称曰"守岁"。

　　隋唐时期，守岁之风极为盛行，历史上留下了许多脍炙人口的守岁诗，如唐太宗李世民的《守岁》诗中写道：

> 暮景斜芳殿，年华丽绮宫。
> 寒辞去冬雪，暖带入春风。
> 阶馥舒梅素，盘花卷烛红。
> 共欢新故岁，迎送一宵中。

　　北宋诗人范成大在《卖痴呆词》中吟道：

除夕更阑人不睡，厌禳钝滞迫新岁。

小儿呼叫走长街，云有痴呆召人卖。

北宋著名文学家苏轼也有诗写道：

儿童强不睡，相守夜欢哗。

······

坐久灯烬落，起看北斗斜。

在此诗文中，苏轼通过一个"强"字，把孩童对守岁的企盼与迷恋表现得淋漓尽致。

此外，除夕守岁的热闹景象，自古以来就是文人墨客笔下的最爱。早在南北朝时，诗人徐君倩便在《共内人夜坐守岁》中写道：

欢多情未极，赏至莫停杯。

酒中喜桃子，粽里觅杨梅。

帘风开入帐，烛尽炭成灰。

勿疑鬓钗重，为待晓光催。

唐代诗人杜甫在《杜位宅守岁》中，则把亲人团聚的场面描绘成：

盍簪喧枥马，列炬散林鸦。

意思是说亲人团聚，热闹非凡，让在槽边吃草的马都受惊了；彻夜通红的烛光，吓飞了林中的乌鸦。

唐代的另外一位诗人史青在他的《守岁》则这样写道：

今夜今宵尽，明年明日催。
寒随一夜去，春逐五更来。
气色空中改，容颜暗里回。
风光人不觉，已著后园梅。

在这里，诗人感慨的是，今夜在今晚就要过去了，这也就喻示了一年即将过去，新的一年将随着明日的到来而到来，时不我待的生命意识凸现于诗句。尤其是诗歌中的两个"催"字，透露了作者自觉时间紧迫、不能贪图安逸而不思进取的人生体验。

而古人席振起的《守岁》中，也表达了一种自警自省的惜时之情。

相邀守岁阿戎家，蜡炬传红向碧纱。
三十六旬都浪过，偏从此夜惜年华。

此诗的前两句写出了阖族守岁的欢乐氛围。"阿戎"一词是用典，晋宋间人多呼弟为阿戎。这里是说阖族

相约在族弟家守岁，酒席间摆的蜡烛是如此众多以至碧绿的窗纱都好像被浸染了红意，其场面之欢快、热烈可想而知。

而后两句却陡然一转，人生蹉跎之感充溢于诗人心中，感慨这一年又虚度过了，自愧自悔的情感溢于言表，同时诗人也警戒自己从今晚开始要珍惜美好的时光。

从古人的这些守岁诗文中，可以看出，守岁是一种回忆，是对逝去一年时光的总结。有的人以守岁为契机，反省过去，或因虚掷年华而惭愧，或因"精彩回放"而自喜。

据《唐才子传》记载，唐代诗人贾岛就有这样一个好的习惯，他在每年除夕守岁之时，"必取一岁之作置几上，细心阅览，去粗存精，年复一年，岁岁如此。"

为此，可以说，守岁，是人们对新的一年的憧憬和向往。那么，为什么守岁又有俗名"熬年"呢？关于这种说法，也有一个古老而有

趣的故事。

　　传说，在很久以前，老天爷为了能够让天下的老百姓都过上好日子，每逢大年三十晚上就把天门打开，把库里的金银财宝撒往人间。那个时辰，遍地金灿灿、银闪闪，所有的砖头、瓦块、石头都变成了金银。

　　但是，有一条规矩必须遵守，就是谁都不能贪心，捡到的金银还一定得放在屋里，等天亮才能开门。

　　据说，有个名叫李家庄的村子里有兄弟俩，老大为人尖酸刻薄，爱财如命；老二心地善良，勤劳忠诚。这一年的三十晚上，兄弟俩都坐在屋里等着天门开。

　　老大就想：我得想个办法，等天门一开，就能不费力地多弄一些金银。于是，他将一大堆大石头和大磨盘都搬到了自己门口，准备天门一开就把这些东西搬进屋里。老二却一动也不动地坐着，耐心地等待着。

　　三更时分，天门开了，院子里的砖头、瓦块果然都变成了金银。老二把金银放进筐里，搬回屋内，关上房门。老大拼出全力，把预先准备好的大块石头搬进屋内。

　　他想，从今往后自己就是天下最有钱的人了。他着急地等待天亮，天却总不亮。他耐不住了，也顾不上"不到天明不开门"的规矩，便开门出去看天。

等他回到屋里时，发现所有的金银又都变成了石头，他气得痛哭起来。而老二则是等到天大亮后才打开门，一筐金银财宝把人眼都照花了。

后来，老天爷发现像老大那样贪财如命的人越来越多，一生气，就再也不开天门了。但人们希望能过上美满富裕的生活，总是存着侥幸的心理，痴心地等待着。

虽然等了一年又一年，天门总不见开，但是，在这天晚上，人们还是全家团聚在一起，点上蜡烛，等到天亮，就这样，慢慢形成了熬年的风俗。

这在我国有些地区，除夕守岁，还流传着烧辣椒秆和沉香树头的习俗。

　　相传，古时候有个文人叫韩文玉，他年轻的时候，家里很穷。有一年的腊月三十，左邻右舍都欢欢喜喜地过起了年，他却穷得没有肉下锅。

　　这天，邻居的娃儿出来玩儿，手上拿着油腻腻的香鸡腊肉啃。韩文玉的娃儿见了，哭着回家要肉吃。韩文玉的妻子没办法，只好到邻居家借两坨肉来煮。

　　谁知肉刚下锅，邻居的当家人回来了。这个当家人怕韩家日后还不起，硬叫韩夫人把肉提了回来。没办法，韩文玉哄着娃儿，一家人才勉勉强强地过了个素年。

　　天快黑了，邻居早已点亮了年灯，全家老小围着火堆，说说笑笑地开始守岁了。而韩文玉这时还在山上砍准备烧火守岁的柴，他妻子缝了一下午破烂，又去房后捡煮饭的柴。

　　一位好心的老太太看见了，就对韩夫人说："我们还有一堆辣椒

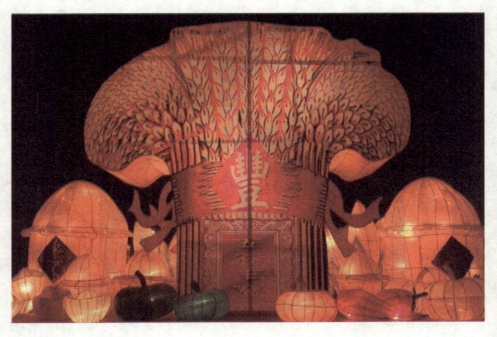

秆送给你，还可以煮几天饭。"韩夫人谢过这位好心的大娘，把辣椒秆背了回来。这时，韩文玉也在山上挖了一个大树头，拉了回来。

韩夫人烧辣椒秆煮饭，烟气很呛人。吃饭后生火守岁，她又用辣椒秆做引火柴。这时正是亥时，天上的凶神奉了玉帝之命去人间降灾，阴司中的无常鬼也奉了阎君之令，到人间给人们定生死。

凶神出了南天门，刚到凡界，就被辣椒味呛得直打喷嚏，眼泪长淌。于是，凶神吓得躲到天上不敢下来。无常鬼也缩在阴间再也不敢出来了。

再说韩文玉挖的那个树头，原来是根万年沉香树，燃着后香气四溢，直冲天廷。玉帝闻到沉香大喜，赞扬凡人竟烧如此异香敬供，便派善神下凡，减了天下人七分罪，并且遍洒甘露，降福人间，同时派文曲星官下凡，暗助韩文玉考上状元。

第二年，天下果然风调雨顺，五谷丰登，人们也都过上了好日

子，韩文玉也考上了状元。

从此，人们每逢过年守岁，到了亥时，总先要烧一阵辣椒秆，希望能驱逐凶神免灾，然后又烧沉香树头，希望善神降福人间。

这些神奇的传说，无不蕴含着人们对新一年过上幸福生活的美好向往。

除夕之夜，全家人围坐炉火，老幼欢聚、畅叙往事、展望未来、总结经验、教育晚辈，在感情上把苦和甜、新和旧、回忆与希望交织在一起，给人们在精神上注入新的活力，企盼在新的一年万事更上一层楼。

在守岁时，人们还要点上长明灯。

除夕晚上，一家老幼不睡觉，整夜不熄灯，一直到天明。唐代"岁夜高堂列明烛"的诗句，就是描写这种情景的。由于长明与长命谐音，不熄灯，点长明灯，又有希望孩子、老人健康、长寿的意思。

除夕之夜的另一项高潮活动就是放鞭炮。我国民间有"开门鞭炮"一说，在新的一年到来之际，家家户户开门的第一件事就是燃放鞭炮，以"噼噼啪啪"的鞭炮声除旧迎新。

鞭炮是我国特产，亦称爆竹、炮仗、鞭炮，其起源很早，至今已有2000多年的历史。

放鞭炮可以创造出新年喜庆热闹的气氛，也可以给人们带来欢愉和吉祥。

到了夜里子时，新年钟声敲响，整个华夏大地上空，鞭炮声震响天宇。在这"岁之元、月之元、时之元"的"三元"时刻，有的地方还在庭院里垒旺火，以示旺气通天，兴隆繁盛。

在熊熊燃烧的旺火周围，孩子们放鞭炮，欢乐地活蹦乱跳。

这个时候，屋里面是通明的灯火，庭院里是灿烂的火花，屋外是震天的响声，把除夕的热闹气氛推向了最高潮。

历代的诗人墨客总是以最美好的诗句，赞颂新年的来临。如北宋文人王安石的《元日》诗写道：

爆竹声中一岁除，春风送暖入屠苏。
千门万户曈曈日，总把新桃换旧符。

　　这首诗完整细致地描绘了我国人民欢度春节时盛大的喜庆情景。

　　鞭炮声响是辞旧迎新的标志，也是喜庆心情的流露。对于经商的人家，放鞭炮还有另一番意义：他们在除夕之夜大放炮仗是为了新的一年大发大利。

　　不过，据旧习认为，敬财神要争先，放鞭炮要殿后，而且要想发大财，炮仗要响到最后才算心诚。当然，这只是人们祈求富足生活的一种美好的愿望。

　　放完鞭炮，除夕之夜的下一项活动就是接神。

　　接神是为新旧年分野，但接神时间不太统一。有的在除夕之夜子时一到就开始举行仪式，有的到"子正"之时，即午夜零时开始接神，有的则在"子正"之后方接。

祭灶后，诸神都回天宫，不理人间俗事，到除夕子时后，即新一年来临时，又降临人间理事。

接神的仪式在天地桌前举行，由全家最年长的人主持。因为诸神所居的天界方位不同，下界时来的方向自然也不同。

至于接何神，神从何方来，要预先查好《宪书》，然后带领全家举香在院中按方位接神。如辛未年的《宪书》上指示：

财神正东、福神正南、贵神东北、喜神西南、太岁神西南等。

全家人按方位叩首礼毕后，肃立待香尽，再叩首，最后将香根、神像、元宝锭等取下，放入早已在院中备好的钱粮盆内焚烧。焚烧时，同燃松枝、芝麻秸等。

接神时，鞭炮齐鸣，气氛极为热烈，反映了人们对新的一年的美好期待。

接神后，将芝麻秸从街门内铺到屋门，人在上面行走，噼啪响声，称为"踩岁"，亦叫"踩祟"，取长命百岁的意义。

除夕之夜，把许多干芝麻秸一根一根地扔在院子里，分布均匀，四隅皆满。

一下台阶，走入院内，就把芝麻秸踩得"嘎嘎"作响。大家你来我往，直到芝麻秸全被踩碎，才算完成了"踩祟"的仪式。

"碎"与"祟"同音，取一年开始驱除邪祟之义，大约和古时候在门口所立的桃二符、挂松柏枝的用意相同，小孩子们总是一根一根地挨着个儿踩，非常认真。

在踩岁以后，是祭祖仪式。

古时，除夕祭祖的礼俗很盛。因各地礼俗的不同，祭祖形式也各异，有的到野外瞻拜祖墓，有的到宗祠拜祖，而大多在家中将祖先牌位依次摆在正厅，陈列供品，然后祭拜者按长幼的顺序上香跪拜。

祭祖形式虽各不同，大半都是除夕夜上供。亲朋至近的，拜年时也必须叩谒祖先堂，借此保存其人敬其祖的美德。

祭祖完毕以后，在除夕之夜的最后一项活动就是送财神。

在我国古代，从春节子夜开财门起，就有送财神的习俗。

送财神的人在手里拿着一张纸印的财神，在门外嚷着："送财神爷的来啦！"

这时，屋里的主人为了表示欢迎财神，便拿赏钱给来人。

这时，送财神的口中，当然总免不了要说些吉利话，如"金银财宝滚进来""左边有对金狮子，右边有对金凤凰"之类的口彩。

另外还有一种就是装扮成财神爷的模样，身穿红袍，头戴纱帽，嘴上挂着假胡子，身上背着一个收钱的黄布袋，后面跟着几个敲锣打鼓的，挨家挨户地去散发财神爷像，以便讨赏钱。

每到人家门口，就会唱起"左厢堆满金银库，右边财宝满屋堆"。

一大堆讨吉利的话不绝于口，直到主人欢喜地接过那张红纸财神爷像，给他们些钱。扮财神的这些人连声道谢之后，就起劲地敲打一阵，在"咚咚锵锵"的锣鼓声中，转到别家去了。

送财神的习俗适应了人们希望在新的一年过上富足生活的心愿，因此流传了下来，给喜庆的除夕添添色彩。

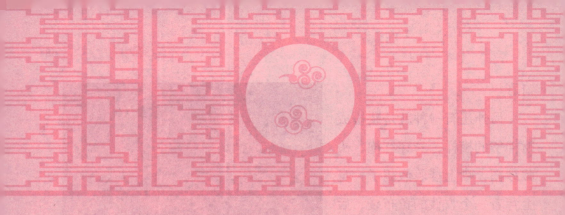

祖国各地不同食俗的年夜饭

　　春节是中华民族的传统节日。农历腊月底和正月初，家家户户备好最好的美食，把最好的肉类、菜类、果类、点心类摆满，全家人尽情享用，也用来招待宾客。

在我国各地，除夕的食俗也各不相同，但普遍反映了人们在这一重大节日的诸多美好愿望。

在北方，除夕夜有的人家要供一盆饭，年前烧好，过年食用，叫做"隔年饭"，表示年年有剩饭，一年到头吃不完，今年还吃昔年粮的意思。

这盆隔年饭一般是用大米和小米混合起来煮，北京俗话叫"二米子饭"，这是为了有黄有白，同时也叫做"有金有银，金银满盆"的"金银饭"。

在旧时的北京、天津，除夕夜一般人家做大米干饭、炖猪肉、牛羊肉、炖鸡，再做几个炒菜。

至于除夕之夜的饺子，其中的素馅饺子要用来敬神，大家吃的则是肉馅的，生活不富裕的人家，则以肉、菜混合为馅，即便最穷的人家，过年时吃饺子的程序也是不会少的。

除了饺子、年糕这些美食之外，老北京人家还要打豆儿酱，是一种由肉皮、豆腐干、黄豆、青豆、水芥等做成的凉菜，色如琥珀，类似于肉冻儿。

此外还有芥末墩儿，这是用来佐酒和开胃的凉菜。节日中人们食用油腻食品多，易于生火、生痰，这些凉菜可以弥补这一缺陷。

东北人特别讲究过年，于是便有了有趣的民谣：

小孩小孩你别馋，过了腊八就是年。

腊八粥，喝几天，哩哩啦啦二十三。

二十三，糖瓜粘；

二十四，扫房子；

二十五，炸豆腐；

二十六，炖猪肉；

二十七，杀公鸡；

二十八，把面发；

二十九，蒸馒头；

三十儿晚上坐一宿；

大年初一扭一扭。

上面这则民谣中列举的腊八粥、炸豆腐、炖猪肉等，都是春节东北的美食。

一些富裕的老东北人，过去还有除夕夜食鱼的习俗。鱼必须是鲤鱼，最初是以祭神为名目，后来则与"吉庆有余"的吉祥话相连，鱼既不仅是美食，也是东北民间的供品。

东北还有一个习俗，就是进入腊月后会先杀一头猪，请村里人吃

一顿，以示庆祝。然后再包黏豆包，做豆腐。

黏豆包大多由大黄米做皮加豆馅儿制成，几乎家家都要做，多则上百斤，少的也有几十斤，他们可以吃上一个冬天。

当各式荤素大菜已备齐时，东北人还备糖果、干果和"杂拌儿"。所谓杂拌儿，就是今日的什锦果脯，当年这些小食品是人们围炉闲坐、守岁辞岁时的美食。

东北还有一个习惯，就是吃过年夜饭后吃冻梨。由于东北的天气比较寒冷，一些水果在冻过之后，就别有一番滋味，最常见的是冻梨和冻柿子。

最纯正的是冻秋梨，在北方有一种梨叫秋梨，这种梨刚摘下来的时候又酸又涩，于是人们就把这种梨采摘下来直接放在树下，盖上一层树叶，经过冰冻之后的秋梨酸甜可口，果汁充足。

冻梨在吃之前，要放在水里解冻，年夜饭后吃这种梨，即能解酒、又能解油腻。

那些以祭祖祭神为名的供品和传统食品，几乎全保留下来了。如今的除夕佳节，餐桌上只能用丰盛一词概括了，什么川鲁大菜、生猛海鲜，都会出现在寻常百姓的餐桌上。

在厦门，除夕吃年夜饭，叫"吃廿九暝"，人们此时大都爱吃火锅，"围炉"合家欢。

火锅有一品锅、鸳鸯锅、四色锅。汤是猪肉或鸡鸭汤。主菜有"金元宝"鸡蛋、"银元宝"鸽蛋，整只蹄髈又叫"一团和气"，黑刺参与墨鱼用海带绑在一起叫"乌金墨玉"，鸡鸭翅膀叫"鹏程万里"，冬笋叫作"节节高升"，粉丝叫作"福寿绵长"，鱼丸、肉丸和发菜叫"团圆发财"，鸡头鸡尾、鱼头鱼尾叫作"有始有终"，加上火腿脚爪叫作"平步青云"。

最后吃长生果，意思是"长生不老"。

由于火锅热气腾腾，食品翻滚不停，不断续汤，添加作料，就叫"越吃越有，越烧越旺"。

厦门人特别重视鲜鱼，还有蚝仔、虾、珠蚶、旺螺、海带和发菜豆腐等。近年来又出现了啤酒火锅、豆腐火锅、丸子火锅、鱼肉火锅、什锦火锅等。

腊月三十是武汉人最重视的节日。这一天，全家欢聚一堂，吃一顿丰盛的年夜饭。年饭一般要用"三全"，包括全鸡、全鱼、全鸭；"三糕"包括鱼糕、肉糕、年糕；"三丸"包括鱼丸、肉丸、藕丸。

近年来人们又在桌子中间放置一火锅，热气腾腾，更增添了节日气氛。开饭时间多在天黑之前，也有在晚间的。开饭前，有的人家还要先祭祖，摆上几副碗筷请祖宗入席。祭祖仪式之后，大家才开始上桌吃饭，鱼

这道菜是不能吃的，以祈年年有余。

在豫南一带，除夕的年夜饭全家要吃到午夜，当新年的钟声敲响的时候，再端上一盘鱼，以示年年有余。

初一的早上，又将饺子和面条同煮着吃，面条代表钱串子，为发财之意。

除夕这一天，上海人把过年的一切陈设都布置妥当，如写春联、贴门神等。

晚上，全家老少围在一起吃年夜饭，菜肴远比平时丰盛，主要的一道菜用菜心、豆腐等烧成后，用百叶卷裹，被称为卷钱捆，以示新一年财源滚滚而来。

知识点滴

北方人在除夕之夜喜欢吃饺子。这些饺子通常是守岁时包，子时辞岁时吃，称为"更岁交子"。

北方人的除夕饺子，讲究皮薄、馅足、捏得紧，包时不能捏破，下锅不许煮烂。如果不小心把饺子弄破，也只能说"挣"了，忌讳说"烂"字和"破"字。

新春风俗

　　除夕以后，新的一年便正式开始了。从腊月三十或二十九的除夕到正月初一这两天，是过年的高潮期。

　　之后，从初二、初三开始，人们纷纷走出家门看朋友，相互拜年，道贺祝福，说些恭贺新禧、恭喜发财、过年好等话，祭祖等活动。

　　当然，节日的热烈气氛不仅洋溢在各家各户，一些地方的街市上还有舞狮子、耍龙灯、演社火、逛庙会等习俗。这期间花灯满城，游人满街，热闹非凡，盛况空前，一直要闹到正月十五元宵节过后，春节才算真正结束。

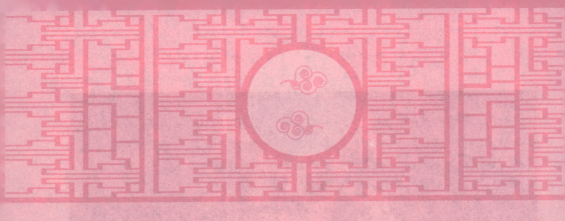

正月初一争先放"开门炮"

正月初一，古称元日、元辰、元正、元朔、元旦等，"元"的本意为"头"，后引申为"开始"。

因为这一天是一年的头一天，春季的头一天，正月的头一天，所

以称为"三元"；还因为这一天还是岁之朝，月之朝，日之朝，所以又称"三朝"；又因为它是第一个朔日，所以又称"元朔"。

初一的早晨，为了开门大吉，人们会先放鞭炮，叫做"开门炮仗"。鞭炮声后，碎红满地，灿若云锦，称为"满堂红"。这时满地瑞气，喜气洋洋。

此外，正月初一还有上日、正朝、三朔、三始等别称，意思是这一天是年、月、日三者的开始。因此，这一天是春节庆祝中最隆重的一天。

为了开炮仗，过年前的几天，家里的大人就要从街上买回红红绿绿的鞭炮，摊放在箥扁里晾晒几天，然后用旧的棉袄、棉被裹严实，不让鞭炮受潮。

每年过年，每家都要花不少钱买鞭炮，因为据说谁家的鞭炮声越多越响，就预示着谁家新的一年日子越红火，会行大运。

大年初一的凌晨，天刚蒙蒙亮，人们便起床了，家家户户第一件事就是争先恐后放"开门炮"，梆敲三更，响炮连天，这意味着开门大吉，也宣告新年开始。

到处一片鞭炮声，象征送旧迎新和接福，俗谓"接年"。大家都用鞭炮迎接新春，看谁家的响声大，响的时间长，看谁家的礼花品种多。各式各样的鞭炮、礼花把夜空映得五彩缤纷，预祝新年吉祥如意，兴旺发达。

打"开门炮"也有惯例，男主人起床，口念吉词先开门，放鞭炮于门口。

一般是先放小鞭炮一串，称"百子炮"；再放双声大鞭炮，手腕那么粗的大鞭炮只放3发，但要"带四放三"，留一个做"备炮"。

全家老小团聚在门前大场上，满怀着兴奋和喜悦，一边相互祝福，一边家中男主人看着把鞭炮摆成吉祥图案，然后小心翼翼地点上引信，随着"嗤"地一溜火花，"噼里啪啦"的小鞭炮满地欢跳，硕大的炮仗满载着人们的祝福和希望，"通"地冲向蓝天，又"啪"地撒下一片繁花。

"开门炮"放得越高越响越好，要求3发都响，声音洪亮清脆，最为吉祥。意谓可解除一年的疫疬灾晦，并表示接新年。

据说放"开门炮"越早越好，象征当年做什么事都会顺利、如意、发财，农民会五谷丰登。有些地方在放开门炮时，还口中念道：

开大门，放大炮；财亦到，喜亦到。

新年的第一天，人们还会早早地起床，穿上最漂亮的衣服，打扮得整整齐齐，出门去走亲访友，互相拜年。

拜年是我国民间的传统习俗，是人们辞旧迎新、相互表达美好祝愿的一种方式。

通常，正月初一的拜年是家长带领小辈出门谒见亲戚、朋友、尊长，以吉祥之语向对方祝颂新年。幼者须叩头致礼，谓之"拜年"。

主人则以点心、糖食、红包热情款待。

古时"拜年"一词原有的含义是为长者拜贺新年，包括向长者叩头施礼、祝贺新年如意、问候生活安好等内容。遇有同辈亲友，也要施礼道贺。

古时有拜年和贺年之分：拜年是向长辈叩头；贺年是平辈相互道贺。

拜年从家里开始。初一早晨，晚辈起床后，要先向长辈拜年，祝福长辈健康长寿。长辈受拜以后，要将事先准备好的"压岁钱"分给晚辈。

拜年是尊老敬贤的传统习俗，这种传统在我国陕北一直流传着。

在大年初一早上，拜毕天地、财神、庙神、祖宗，则要向长者拜年。之后是儿孙辈登门给祖父母、父母拜年。

拜过年，儿孙们坐在炕上，爷爷、奶奶、爸爸、妈妈把早已准备好的瓜子、花生、糖果、油炸糕、酸枣等食品端出来，让晚辈们一一地品尝，并给孩子们一些钱币，这些钱币既是"压岁钱"，也是"赐福钱"。

孩子们高高兴兴地接过长辈的钱，欢欢喜喜地吃着糖果、瓜子、油炸之类，长辈们看着晚辈生龙活虎的情态，也欢乐无比。

在给家中长辈拜完年以后，人们外出相遇时也要笑容满面地恭贺新年，互道"恭喜发财""四季如意""新年快乐"等吉祥话语，左右邻居或亲朋好友亦相互登门拜年或相邀饮酒娱乐。

新年拜年的方式多种多样，有的是族长带领若干人挨家挨户地拜年，有的是同事相邀几个人去拜年。

开门喜，出门喜，处处欢喜。吃过饭后，村人互相见面，也要拜年问好。拜年的方法是辈分小者、年龄小者向长辈、长者作揖，祝其康健；长辈、长者也回敬一揖，并致以问候。

随着时代变迁，拜年的习俗也日趋简单了。孩子们给祖父母、父母拜年时尚有叩头作揖的，给邻居拜年就不必拘泥了。村人邻居相见，也不说康健、长寿之类的问候语，而改为"新年好！""过年好！"等时新语言。语言虽然变了，但是祝福的心情没有变。

随着时代的发展，拜年的习俗亦不断增添新的内容和形式。人们除了沿袭以往的拜年方式外，又兴起了多种多样新的拜年方式。

在我国，还流传着一个关于"开门炮"的故事。说是在从前，村内有一个穷人，由于连年不顺，在除夕夜这晚为来年营生无着落而苦闷睡不着觉，于是在半夜到屋外放起鞭炮来。

放炮声吵醒附近的邻居，邻居们出来查看究竟，发现是穷鬼起来放炮，都说："穷鬼起来了？""穷鬼怎么这么早就起来放鞭炮了？"。

结果，从那年开始，穷鬼真的"起来了"，遇到了贵人，做起了生意，家产日盈，彻底告别了贫穷。

这个当年的穷人认为是得了左邻右舍的"好口彩"，而人们则认为那是穷鬼在正月初一——大早就起来放鞭炮才发家的。于是，从那以后，大家都在正月初一争相起早放"开门炮"，希望来年能发家致富。

知识点滴

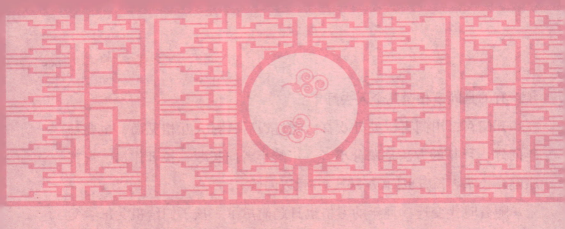

正月初二回娘家与祭财神

　　正月初二是我国农历一年之中的第二天，亦是正月第二天，它是在我国二十四节气的立春和雨水两个节气之间。

　　据西汉著名文史家东方朔的《占书》中说，正月初一为鸡、初二为犬、初三为猪、初四为羊、初五为牛、初六为马、初七为人、初八为谷。

　　为此，传统上，在正月初二这天叫做狗日或者犬日，古人认为，这一天是狗的节日，因此这一天不能吃狗肉。

　　在这一天，我国旧时有回娘家、祭财神等习俗，这些都是庆祝春节的重要活动。

　　正月初二，嫁出去的女儿们便纷纷带着丈夫、儿女回娘家拜年。在北方地区则为正月初三。

所谓回娘家，当然是指已婚女儿带夫婿孩子回到家里给父母拜年。为什么必须在初二而不能初一呢？

过去迷信观念认定，已逝的老祖宗，年底从天上回家享受供奉，老祖宗如果看到家里有"外人"，就不愿进家了。因为，已婚女人被认为是"外人"，所以，已婚女人不能在家里过除夕和初一。

老祖宗享用供奉后，在初一或初二早上就回到天上了，女儿就可以回家了。这个规矩在旧社会特别是农村是很严格的，违反了就是大不敬。

后来，人们虽然不相信鬼神，但仍是严格地遵守着。如果由于某种特别的原因，已婚女儿在家里过年，那可能父母、家人包括自己都会十分不高兴。这也是一种沿袭已久的文化现象。

"回娘家"又称"归宁"。在大年初二，女儿回娘家时，必须办一大袋饼干、糖果，由母亲分送邻里乡亲，一如过年的情景。

如果家中有多个女儿，而这些女儿又不在同一天归来，那么，就要来一个分一次，礼物颇薄，四块饼干而已。然而，它反映的情意却甚浓，真正的是"礼轻情意重"，它表达了姑娘对乡亲的切切思念。

姑娘回到家中，若家中有侄儿，当姑母的必须再掏腰包，尽管在初一给"压岁钱"时已经送了，可这一次意义不同。

除了回娘家，北方在正月初二这一天，还要祭财神。在这一天，无论是商贸店铺，还是普通家庭，都要举行祭财神活动。各家把除夕

夜接来的财神祭祀一番。实际上是把买来的粗糙印刷品焚化了事。

这天中午要吃馄饨，俗称"元宝汤"。祭祀的供品要用鱼和羊肉。老北京的大商号，这天均要大举祭祀活动。祭品要用"五大供"，即整猪、整羊、整鸡、红色活鲤鱼等，祈望当年发大财。

我国民间所供大多以赵公明居多，其印刷形象很威武，黑面浓髯，顶盔贯甲，手中执鞭。周围画有聚宝盆、大元宝、珊瑚之类图案，加以衬托，突出其富丽华贵效果。

知识点滴

在我国古代，关于财神是谁的说法并不统一，主要有以下几种：赵公明，因道教第一创始人张天师曾命其守玄坛，故又名赵玄坛。此人来源于《封神演义》，姜子牙封他为"金龙如意正一龙虎玄坛真君之神"。赵明朗，字公明，道教中的玄武之神，俗称赵公元帅。

范蠡，春秋时期越王勾践手下大臣，帮助越王打败吴国，后来经商发了大财，改名陶朱公。后人奉为财神。

关羽，是三国中的"全能"人物，最重义气，后人把"义"和"利"等同对待，奉为财神。一般商号供奉关羽者居多，认为他对商号有保护作用。

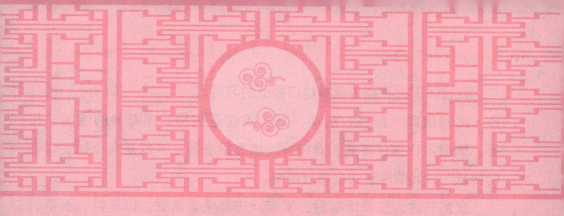

正月初三不拜年觉要睡个饱

正月初三称为"小年朝"，也称为"赤狗日"。民间亦传说初三晚上是"老鼠娶亲"的日子，所以一般人家都早早熄灯睡觉，以免扰乱了鼠辈。

我国古人认为，正月初三这一天为谷子的生日，要祝祭祈年，且禁食米饭。

在宋代，这天也是天庆节，后来称小年朝，不扫地、不乞火，不汲水，与正月初一相同。

我国民间有民谣说："初一早，初二早，初三睡个饱"，就是说到了初三，总算告一段落，可以晚起些，补补前两天的睡眠，以保健康。

在这一天，我国古代有烧门神纸的习俗。

民间信仰"报赛"活动，其实质就是酬神，即对神的感恩、报答、酬谢。比如，客家人对门神的感恩报赛活动，就是大年初三"烧门神纸"，其酬神仪式也相对简单。

在初三这天夜幕降临后，家家户户都焚香秉烛，以三牲、水果、酒饭拜谢门神。然后将年节时的松柏枝及节期所挂门神像、门笺纸等一并焚化。

在旧俗里，客家人在大年初五"出年界"，因此在大年初三的"烧门神纸"也意味着年界即将过去，人们即将开始各自的营生。

客家俗语说："火烧门神纸，大人做生意，细伢捡狗屎。"就是

说正月休闲吃喝到此差不多了，再过些天大人们做生意的该做生意了，耕田的得耕田了。

从此商开市，士入学，人们开始由浓浓的年味儿里走出，走入新一年的奔忙。

虽然广大汉族地区自清代开始基本不再拜祭门神，只保留了除夕"贴门神"的习俗，但长江流域各省还是有不少地方保留了年初三"烧门神纸"的岁时传统。

在我国南方，大年初

三早上还要贴"赤口"，认为这一天里容易发生口角，不宜拜年。

所谓"赤口"，一般是用长约七八寸、宽一寸的红纸条，上面写上一些出入平安吉利的话，贴在前门和后门的门顶上。

另外有一张是放在垃圾上面挑出外面倒掉。这些垃圾都是初一、初二两天积下来的，一定要到初三才能一起清理倒掉，否则，等于把家中的金银财宝向外倒掉一样。

总之，贴"赤口"，是使人们在心理上觉得一年到头都能出入平安，不与人发生口角或各种不幸的灾难，这样，家中能够招财进宝和万事如意。

知识点滴

大年初三这天，在我国河南、湖北等地，尤其是豫北地区，还有出嫁的闺女回娘家的习俗。

每到这一天，出嫁的女儿们带着丈夫和儿女一起回娘家走亲戚，当地人也叫"回娘家"或"走姥姥家"。

女儿和父母，女婿和岳父母一大家子人凑在一起吃一次团圆饭，也是连襟们相互交流的好机会。

正月初四迎灶神与接五路

正月初四，是女娲创世神话的"羊日"，故常说的"三羊开泰"乃是吉祥的象征，也是恭迎灶神回民间的日子。

传统的正月初四是迎神的日子，而年前腊月二十四是送神的日子。传说下界诸神都在送神时升天向玉帝拜年并报告人间行为的善恶，于正月初四再度下凡。

继续接受祭拜与监察人间的善恶，因此，这天必须非常谨慎地迎接神明下凡，故称为"接神日"。

据说腊月二十四到大年初四这段期间，天界改派其他天神下界巡逻，监视一切然后上奏天神。

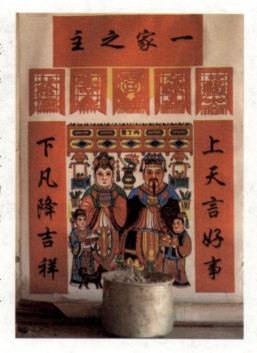

在北方还有个传说：初四灶王爷要查户口，因此也不宜离家，家家户户都要守在家里，准备丰富的果品，焚香点烛并施放鞭炮，以示恭迎。

北方有些农村的风俗，要绑上火神，用玉米梗或麦梗绑在棍子上，点燃后从自己家送到河里去，代表一年家里无火灾。

在大年初四的晚上，一般商家还会接请五路财神，初五开市，以图吉利。

古人们深信，只要能够得到财神显灵，便可发财致富。初四这天下午，接五路财神仪式的准备工作就开始了，直到晚上才结束。

先是摆案桌，一般用几张八仙桌拼起来即可。头桌是果品，如广橘、甘蔗，寓意财路广阔，生活甜蜜。二桌是糕点，寓意高升、常青。三桌为正席，供全猪、全鸡、全鱼，并有元宝汤等。

半桌是饭、菜，一碗路头饭中插一根大葱，葱管内插一株千年红，寓意兴冲冲、年年红，第三桌上的酒菜须等接上五路财神后方可奉上。

接五路财神需主人带上香烛分别到东、西、南、北、中5个方向的

财神堂去请接，每接来一路财神，就在门前燃放一串百子炮。

全部接完后，主人和伙计依次向财神礼拜，拜后将原供桌上的"马幛"火化，表示恭送财神。这样仪式才算是结束了。

在我国的福建莆田地区，除夕大年三十，叫做"岁"，而初四叫做"大岁"。关于这个说法，源于一个古老的传说。

据说，在明朝年间，倭寇不时骚扰我国东南部沿海地区。一次，莆田人正在高高兴兴过年三十的时候，倭寇杀过来，烧杀抢掠，幸存的人们跑进了山里。

后来倭寇被打退了，人们也从山里回家了，但是年没过成，而且很多家庭也失去了亲人。所以，在莆田地区，初二是严忌去别人家里拜年串门，因为在古代莆田，这个日子，人家在治丧。

等过了初三，大伙都觉得，因为年三十没过好年，应该再过一次，因此就定初四再过一次年，而且办得更隆重。于是，这个习俗就被莆田人代代传了下来，直到现在。

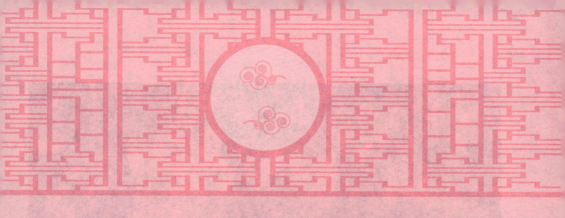

正月初五迎财神与开集市

农历的正月初五，俗称破五。我国民间一说破五前有诸多的禁忌，过此日皆可破。按照旧的习惯这天要吃"水饺子"，在北方叫"煮饽饽"。

有的人家饺子只吃两三天，有的隔一天一吃，没有不吃的。从王公大宅到街巷小户都如此，就连待客也是如此。

在这一天，妇女们也不再忌串门，开始互相走访拜年、道贺。新嫁女子在这一天归宁。一说破五这一天不宜做事，否则本年内容易遇事破败。

除破五习俗以外，在正月初五这天，主要还有迎接财神、祭路头神和开市贸易等。

我国古人认为，正月初五这天为"财神生日"，我国南方在这天祭财神。按照旧俗，春节期间大小店铺从大年初一起就关张了，而到了正月初五这天，家家又都重新开张了。

大家闻鸡鸣即起，放鞭炮，在招幌上挂红布，共喝财神酒。

祭品中必须有一条大鲤鱼，"鲤"为"利"的谐音，故称该鱼为"元宝鱼"。

初五早上必有叫卖元宝鱼的，各店铺争购，用线穿鱼脊并挂在房梁上，鱼头朝内，身上贴红纸元宝，寓意可以"招财进宝"。

除了叫卖鲤鱼的，还有"送财神"的，多是一些贫寒子弟，或街头小贩，他们低价买来财神像，串街走巷，挨门挨户叫卖："送财神来喽！"

户主绝不能说"不要"，而要客气地说："劳您驾，快接进来。"几个铜子儿可买一张，即使再穷也得赏个豆包，换回一张，讨个"财神到家，越过越发"的吉利。

民间还传说，财神即五路神。所谓五路，指东西南北中，意为出门五路，皆可得财。凡接财神须供羊头与鲤鱼，供羊头有"吉祥"之意，供鲤鱼是图"鱼"与"余"谐音，讨个吉利。因此，每到过年，人们都在正月初五零时零分，打开大门和窗户，燃香放鞭炮，点烟花，向财神表示欢迎。

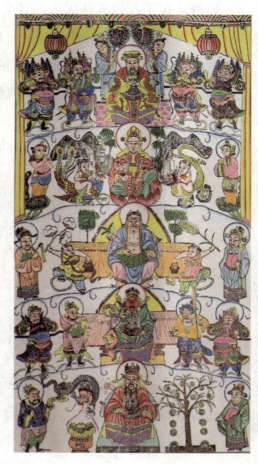

接过财神后，大家还要吃路头酒，往往要吃到天亮。大家满怀发财的希望，但愿财神爷能把金银财宝带来家里，在新的一年里大发大富。

此外，在正月初五，还有祭路头神的习俗。路头神是吴地信奉的一位财神。旧俗认为，正月初五这天是他的生日，祭祀迎接，颇为壮观。

路头又称"五路神"。据

说是五圣神。一般以此路头为古五祀中的行神，所谓五路乃东西南北中。财货无不凭路而行，故人们以行神为财神，加以祭祀，希望它引财入门，或出行获利。古人外出行旅，祭祀路神以求平安。

路神变为财神，是因为商业的发展，财货流通加剧的原因。财货往来于陆水之间，人们认为路主宰了财货。

人们认为接路头越早越好，最早接到的才是真神，特别灵验，因此有的地方，真的在初四便"匆匆抢路头"了，且相沿成俗。既然路神已不再是行旅的保护者，人们便不再在赴旅时祭祀了。

另外，在正月初五这天人们还会选择在这一天开市。旧俗以正月初五为财神的生日，认为选择这一天开市必将招财进宝，财源滚滚。

在我国古代广泛流行的正月开市习俗，反映了我国古人普遍希望辞旧迎新，迎接新一年美好生活的传统心理。

知识点滴

在我国，有些地方又把初五日叫做"圆年"，意思是说年过完了，到这一天要做一个总结，划句号了。

其实，这是"破五"的变种，是由于不知"破五"的由来，慢慢的演变出来的。

据《封神榜》所说，姜子牙封神，把背叛他的妻子封为"穷神"，令她"逢破即归"。

神话传说中，姜子牙的妻子是很让人讨厌的背夫之妇，封了穷神以后，就更让人讨厌了，还没听说有谁是喜欢穷神的？所以人们就在初五这一天"破"她，让她"即归"就是马上回去吧！

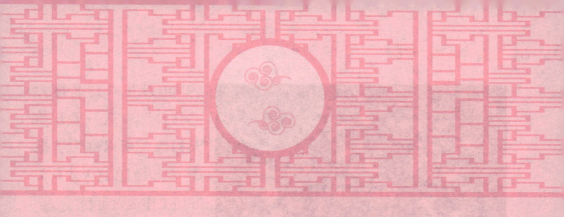

正月初六大扫除送"五穷"

　　"六"在中华文化中是个吉祥数字，有顺的意思，而正月初六这天是一年的第一个"六"，因此，这一天是人们选择出门的好日子。因此许多人选择这天拜年，开始走亲访友。

正月初六，又称为"马日"。这一天开始大扫除，所以称为"挹肥"。人们在这天才真正开始工作或做生意。

这一天也表示旧时农民于此日开始下田，准备春耕。但是，正月初六主要习俗是大扫除"送穷"出门。

正月初六"送穷"，是我国古代民间一种很有特色的岁时风俗，其意就是祭送穷鬼。

穷鬼，又称"穷子"，指"智穷、学穷、文穷、命穷、交穷"五种穷鬼。

相传，穷鬼是黄帝孙子颛顼帝之子。他身材羸弱矮小，喜欢穿破衣烂衫，喝稀饭。即使将新衣服给他，他也扯破或用火烧出洞以后才穿，因此"宫中号为穷子"。

正月初六这一天，人们用纸造妇人，称为"扫晴娘""五穷妇""五穷娘"，身背纸袋，将屋内秽土扫到袋内，鞭炮从每间房屋里往外放，边放边往门外走。说是将一切不吉利的东西、一切妖魔鬼怪都轰出去，越远越好。

这一习俗又称为"送穷土""送穷媳妇出门"。

打扫卫生是一种彻底的大扫除。从每间房屋里把垃圾扫出门外。有的地方腊月三十到正月初六以前，一般是不允许搞卫生的，但能扫扫地，只能在屋里扫，垃圾只能先放在屋里的拐角处。

特别是大年初一，这天是一扫帚也不能动的，说是动了就将好运气弄掉了。可到"送穷"这一天，却非彻底地搞一回大扫除不可了。因为我国古人把垃圾视为是穷鬼的象征。

等到垃圾扫出大门，扫到一个角落，便也将鞭炮从屋里放到了屋外，于是拿来一个极大的鞭炮，放在那垃圾堆上，点燃了，"轰隆"一声，仪式完毕。

然后，人们便说：这一下子，一切穷气穷鬼都给赶跑了！

做完这一切以后，人们才开始吃早饭。

"送穷出门"，就要把它送得远远的。尤其放鞭炮，称"崩穷"，把"晦气""穷气"从家中崩走。人们从初一至初五已经5天没干活了，

所以要日出之前放炮崩穷后，要努力干一天活，称为"恨穷"。

在我国，还有些地方的人们甚至还用草或纸扎车、船，为"穷鬼"准备象征性的"交通工具"，有的地方还有"以芭蕉船送穷"的做法，还要给"穷鬼"带上干粮。

有些地方要将鲜肉放在锅中炙烤，还要爆炒麻豆，让其崩裂发声，这样可以崩除穷气，求得财运。此外，旧时除夕或正月初五要吃得特别饱，俗称"填穷坑"。

老北京的民俗称：这一天，家中主妇要把节日积存的垃圾扔出去，谓之"送穷鬼"，门上的挂笺也可摘下来同时扔出去，叫做"送穷神"。

这一天最受欢迎的是当年满12岁的男孩，12是6的2倍，可称六六顺。又传说福神刘海是北京人，是个穿红披绿的胖小子，民间流传着"刘海戏金蟾，步步钓金钱"的俗语，其形象很受市民欢迎。

为此，正月初六，正值本命年的男孩，以刘海的形象打扮，背着

5个用白纸或彩纸剪成的小人上街，谁抢到就算谁抢到了财神，被抢者则叫扔掉穷鬼。

如果两位都是本命年者相遇，谁先抢到对方背后的小人谁吉利。也有用布制小包当穷鬼向外扔的，双方背后均要背个小筐，先把小包投入对方背后筐中者为先扔穷鬼，也就吉利。

我国各地民间的"送穷"时间、方法虽然有些大同小异，但都普遍反映了人们希望送走旧日的贫穷困苦，迎接新一年幸福生活的美好心理。

在我国，关于送穷的日期，有几种说法：

一说是以正月晦日为送穷日。唐韩愈《送穷文》李翘注："予尝见《文宗备问》云：'颛顼高辛时，宫中生一子，不着完衣，宫中号为穷子'。其后正月晦死，宫中葬之，相谓曰：'今日送却穷子。'"

一说是以正月二十九为送穷日。《岁时广记·月晦》引《图经》："池阳风俗，以正月二十九为穷九日，扫除屋室尘秽，投之水中，谓之'送穷'。"

一说是以正月初六为送穷日。《岁时广记·人日》引宋吕原明《岁时杂记》："人日前一日，扫聚粪帚，人未行时，以煎饼七枚覆其上，弃之通衢以送穷。"为此，在我国北京，现在仍保留有正月初六送穷鬼的风俗。

知识点滴

初七人日节与初八要放生

正月初七是我国传统习俗中的人日，也称"人胜节""人庆节""人口日""人七日"等。

传说女娲初创世，在造出了鸡狗猪牛马等动物后，于第七天造出了人，所以这一天是人类的生日。人日当天也有放花炮、烟花等习俗，故人日亦是火的生日。几经演变，成为汉族吃七样羹的习俗。

我国从汉朝开始便有人日的节俗，魏晋后开始重视。古代人日有戴"人胜"的习俗。

人胜是一种头饰，又叫彩胜、华胜，从晋朝开始有剪彩为花、剪

彩为人，或镂金箔为人来贴屏风，也戴在头发上。

在初七这天，还有赠花胜，就是人们制作各种花胜，用彩纸、丝帛、软金做成花朵，相互馈赠。

这天，古人还有登高赋诗的习俗。唐代之后，人们更重视这个节日。每到正月初七，皇帝赐群臣彩缕人胜，又登高大宴群臣。如果正月初七天气晴朗，则代表这一年人口平安，出入顺利。

在我国古代，这天还要吃春饼卷"盒子菜"，即一种熟肉食品，并在庭院摊煎饼，进行"熏天"。

此外，在这天，有的地方还要吃七宝羹，即用七种菜做成的羹，以此来取吉兆，并说此物可以除去邪气、医治百病。因各地物产不同，每个地方所用的果菜也有所不同，取意也有差别。

广东潮汕用芥菜、芥蓝、韭菜、春菜、芹菜、蒜、厚瓣菜；客家人用芹菜、蒜、葱、芫茜、韭菜加鱼、肉等。其中，芹菜和葱预兆聪

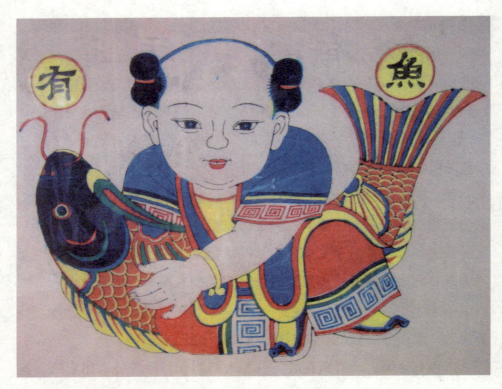

明，蒜预兆精于算计，芥菜令人长寿，凡此种种。

南方一些地区，人们有在人日时"捞鱼生"的习俗，即类似吃生鱼片。捞鱼生时，往往多人围满一桌，把鱼肉、配料与酱料倒在大盘里，大家站起身，挥动筷子，将鱼料捞动，口中还要不断喊道："捞啊！捞啊！发啊！发啊！"而且要越捞越高，以示步步高升。

在我国北方则有用炒过的大米拌上饴糖，做成球状或方状食品食用，叫"响太平"，寓意"太平安康"。

大部分地方在这天还有吃面条的习俗，寓意着用面条缠住岁月的双腿，取长寿之意。

过完正月初七，就是传说中谷子的生日正月初八了。在这一天，人们不仅要庆祝谷子的生日，还要对鸟类进行放生。

　　这些习俗不仅体现了古人尊重自然万物和谐相处的品德，也表达了新春之始，企盼世间各种生物兴旺发达的美好愿望。

　　初八是谷子的生日，据传这天如果天气晴朗，那么这一年就会稻谷丰收，天阴就会歉收。

　　谷日节这天所蕴含的重视农业、珍惜粮食的思想，十分值得继承。在谷日节感受农业的重要，对于四体不勤、五谷不分的人来说，还是很有价值的。

　　对于农耕社会来说，谷是命脉，这一天，人们要观谷、食谷和养谷等。

　　这一天，全家穿着汉服，离开城市来到乡村田野，大人向小孩子介绍基本农业知识，全家观看各种越冬作物的长势，让小孩和大人一起亲近农业，帮助孩子树立尊重农业、农民、爱惜粮食的意识。

　　在春节期间，来到郊外田野，也是一种很好的休息远足活动。返家后，由孩子亲手做一餐谷物晚餐给全家食用。如让孩子亲手和面蒸馒头、亲手做面条、亲手淘米蒸饭、亲手熬粥，大人只进行必要的指导，而不要代替。通过这种方式，让孩子更真切地懂得粮食的珍贵，劳动的不易。

在这一天，人们还有放生的习俗。人们认为，鸟是吃谷的，会抢夺人的收成，所以这一天要放生，主要放生的对象是鸟和鱼，一场表达好生之德，同时也讨好一下鸟类，让它们嘴下留情。

放生表达了人与自然和谐的善意，而不打捞、捕捉放生的动物，更体现了人的敬畏之心，有了善意与敬畏之心，和谐才会有保障。选择放生，就是初八是顺星之日，可以让星宿看到自己的善行。

顺星又名祭星。正月初八晚上，人们去庙里上香祭祀星君，即顺星，等天上星斗出齐后，各家都要举行一个顺星的祭祀仪式。

祭祀仪式上，人们还要选择两张神码，第一张印着星科、朱雀、玄武等，第二张是"本命延年寿星君"。

二张神码前后放在一起，夹在神纸夹子上，放在院中天地桌后方正中受祀。

神码前陈放着用香油浸捻的黄、白灯花纸捻成的灯花，放入直径寸许的"灯盏碗"，或用49盏，或用108盏，点燃。再供熟元宵和清茶。

黄昏后，以北斗为目标祭祀。祭祀后，待残灯将灭，将神码、香根与芝麻秸、松柏枝一同焚化。

祭星结束后，全家聚在一起吃一顿元宵。如今，人们都是在正月十五吃元宵，其实古人一般选择在正月初八吃，以此表示圆满。

据说，在古代，人们在正月初七这天，还喜欢用占卜的方式，预测这一年的吉凶，汉、魏以后，人们又逐渐把这一活动发展成为包括庆祝、祭祀等活动内容的节日。

到了唐代，人们仍相当重视人日节。高适的《人日寄杜二拾遗》诗中就有"今年人日空相忆，明年人日知何处"的感怀之句。它证明唐代的人日节，已不仅仅专用作祈祥祝安，又衍添了一层思亲念友的气氛。

时至今日，也有在外的游子在年前回家，过了人日节才能远走他方。人日节这天不出远门，不走亲串友，在家团聚。人日节下午一般吃长面，也叫拉魂面。意即过年时人都走东串西，心都野了，人日一过该准备春耕生产了。故而吃拉魂面，把心收回来，准备春耕生产。

知识点滴

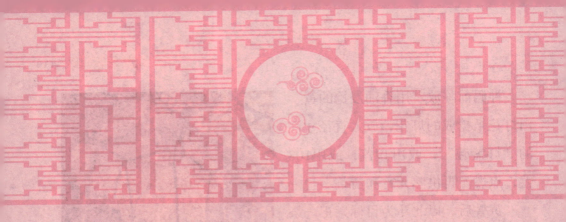

初九拜天公与初十忌搬石

　　我国古人认为，"九"在数目中表示多数，最多、最大，因此在正月初九这天，人们称它为"天日"。传说，这天是玉皇大帝生日，必须隆重庆祝。

　　"九"与"酒"谐音，九不离酒。因此，各家各户都要准备丰盛的酒宴，尽兴喝个痛快，给玉皇大帝祝寿。

　　"天公"就是"玉皇大帝"，道教称之为"元始天尊"，是主宰宇宙最高的神。

　　正月初九为玉皇圣诞，俗称"玉皇会"，传言天上地下的各路神仙，在这一天都要隆重庆贺，玉皇在其诞辰日的下午回銮返回天宫。这时道教宫观内均要举行隆重的庆贺仪式。

　　旧时这天，人们会举行祭典以表庆贺，自午夜零时起一直到当天4时，都可以听到鞭炮声。

　　祭拜的仪式相当隆重，在正厅天公炉下摆设祭坛，一般都是用长板凳或矮凳先置金纸，再叠高八仙桌为"顶桌"，桌前并系上吉祥图案的桌围，后面另设"下桌"。

　　"顶桌"供奉用彩色纸制成神座，象征天公的宝座。前面中央为香炉，炉前有扎红纸面线三束及清茶三杯，炉旁为烛台，其后排列五果，即柑、橘、苹果、香蕉、甘蔗等水果，还有六斋，即金针、木耳、香菇、菜心、豌豆、绿豆等，以祭祀玉皇大帝。

下桌供奉五牲，即鸡、鸭、鱼、卵、猪肉或猪肚、猪肝，还有花生仁、米枣、糕仔等甜料和红龟粿，即像龟形，外染红色，打龟甲印，以象征人之长寿，用这些物品以祭玉皇大帝的从神。

在祭拜天公之前，全家大小都得斋戒沐浴。初九当天，更禁止家人晒衣服，尤其是女裤、内衣或倒垃圾，以表示对玉皇大帝的尊敬。祭品如果要用牲畜的，一定要用公鸡，不能用母鸡。

有的地方，在正月初九这天，妇女还要准备清香花烛、斋碗，摆在天井巷口露天地方膜拜苍天，以求天公赐福。

正月初九以后的正月初十，称为石头节，俗称十指。"十"与"石"谐音，因此初十俗称为石头生日。这一天，我国的古人忌动石器，不搬石头，凡磨、碾等石制工具都不能动，习惯祭祀碾神、磨神、碓臼神、泰山石敢当神等。

总之，春节是我国人民一年中最大的节日，但春节的活动却并不止于正月初一这一天。而是从腊月二十三的小年起，直至正月十五以前，在这段日子里，每一天几乎都有不同的节日习俗。

知识点滴

据说，在过去，正月初十这天，因为是老鼠娶亲日，有的小孩子往往信以为真，闹着不睡觉，要看个明白。

大人们便接过祖辈的传说，对孩子们说：想要看老鼠娶亲，就必须要在嘴里含着驴粪蛋蛋，耳朵里塞上羊粪蛋蛋，眼皮上夹着鸡屎片片，在满天星星的时候，趴在磨眼里，才能看到老鼠娶亲的热闹场面，听到鼓乐声。

这样的事情，孩子们当然不愿干了，也就只好睡觉了。